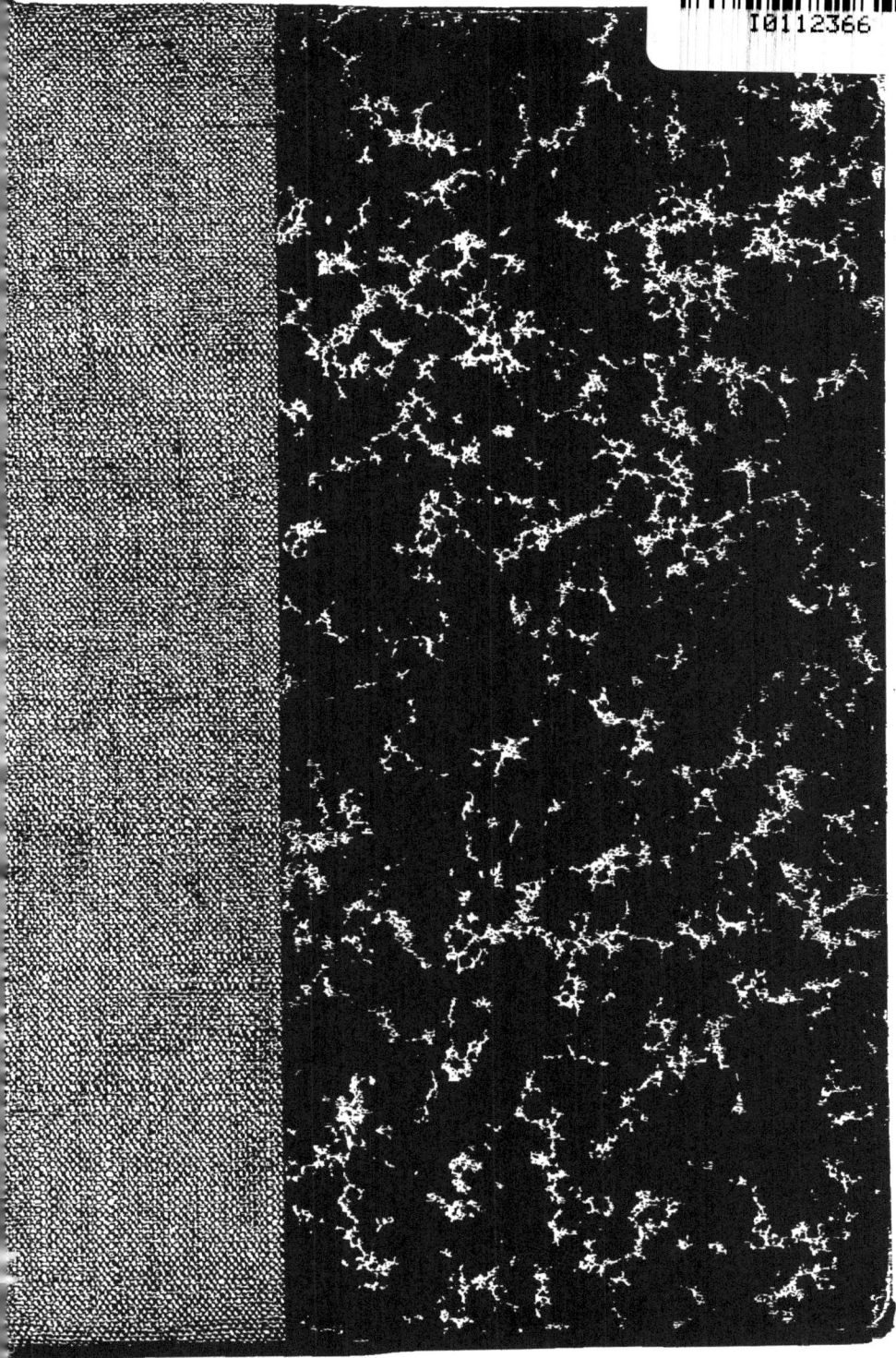

Mᵐᴱ X...

MÉMOIRES
D'UNE PRÉFÈTE
DE LA TROISIÈME RÉPUBLIQUE

PARIS
Eʀɴᴇsᴛ FLAMMARION, Éᴅɪᴛᴇᴜʀ
26, rue Racine, 26

MÉMOIRES
D'UNE PRÉFÈTE

DE LA TROISIÈME RÉPUBLIQUE

EMILE COLIN, IMPRIMERIE DE LAGNY (S.-ET-M.)

MÉMOIRES

D'UNE PRÉFÈTE

DE LA

TROISIÈME RÉPUBLIQUE

Par Mme X***

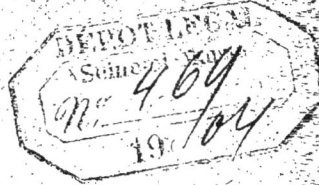

PARIS

ERNEST FLAMMARION, ÉDITEUR

26, RUE RACINE, 26

—

PREMIER CAHIER

PREMIER CAHIER

C'était en 1879 ! La France sortait enfin de l'état oppressif dans lequel l'avait maintenue le gouvernement du 16 Mai.

Le printemps fut beau, cette année-là, et avec ses effluves montaient dans l'air parfumé de violettes des cris de liberté vers le ciel clément.

La Troisième République levait

la tête orgueilleusement sous son
bonnet phrygien, et toute une gé-
nération de jeunes hommes l'accla-
maient et la voulaient servir. Ceux-
ci, stimulés par la fortune politique
de Gambetta, portaient leurs re-
gards vers le plafond du Palais-
Bourbon, rêvant à la gloire du tribun ;
ceux-là, artistes et poètes, tournaient
les yeux vers le ciel de Grèce.

Gambetta n'avait-il pas prononcé
le nom de la République athénienne,
et dans le rêve ambitieux de chacun,
il y avait un élan généreux, une volonté de dévouement patriotique. Les
femmes, elles-mêmes, après les hori-
zons noirs de la guerre, voulaient
voir de belles clartés autour de la

jeune Marianne, et marchaient dans
le sillage de ceux qu'elles aimaient
ou de ceux qu'elles prenaient pour
de futurs triomphateurs.

Moi, je fus de ces dernières : mon
mari, que j'appellerai Danton, parce
que, parmi les hommes de la Révolution, c'était lui qu'il préférait, avait
été présenté à mon père comme un
homme de grand avenir ; je m'asso-
ciai donc plus à la carrière politique
d'un homme qu'à la réalisation du
bonheur conjugal. J'étais très riche,
et je considérais avec raison que
le succès serait plus facile, l'argent
étant le grand maître de l'humanité.

Mon père mourut six mois après
mon mariage ; il emporta dans l'au-

delà l'illusion d'avoir donné à sa fille
un vrai Danton, et M. C..., l'in-
génieur, avait empoché dix mille
francs de mon beau-père pour la
présentation de Danton et l'action
occulte qu'il mit à conclure le mariage.

Mais comment allait s'ouvrir cette
carrière ?

Danton était un jeune attaché au
cabinet du ministre; à cette époque,
il est vrai, il n'y en avait qu'une dizaine au lieu de vingt, mais leur
importance et leur influence n'en
étaient pas plus sérieuses; il n'y a
dans cette situation aucune initiative
à prendre, ni de travail à montrer.
Un attaché au cabinet n'est qu'un

aspirant à un poste quelconque et reste en attendant un être décoratif, quelque chose comme un figurant sur le théâtre.

Cependant mon mari avait eu son jour, aux obsèques de mon père. Dans le grand salon de l'hôtel se pressaient les hommes politiques du moment, les célébrités littéraires et artistiques, qui avaient tous répondu à son invitation.

Ma mère, bourgeoise élégante, ayant appartenu au monde du second Empire, restait figée d'étonnement sous son long voile de veuve, et dans les plis mats du crêpe de sa robe qui s'allongeaient, ondoyant savamment sur le parquet.

Danton, solennel, en habit noir, adossé à la grande cheminée du salon, recevait les compliments de condoléance, souvent emphatiques dans l'atmosphère des millions, avec une apparence de douleur filiale réprimée par l'étiquette. Mais je m'aperçois que je ne vous ai pas fait le portrait de mon mari.

De taille au-dessous de la moyenne, il atteignait à celle-ci par la hauteur de ses talons et le redressement du buste ; la tête était ronde, ses yeux bruns avaient un éclat doré, le regard était hautain sous le froncement continuel des sourcils ; le nez, relevé, marquait une vulgarité ; la bouche bien dessinée, large fendue, paraissait prête à s'ouvrir pour laisser passer des flots d'éloquence.

Danton, caressant sa barbe brune, montrait quelque fatuité, mais il avait des mots bon enfant, très gais, qui la lui faisaient pardonner. Je ne vous ai pas dit qu'il était de la Dordogne, et que de temps en temps un léger accent gascon donnait du pittoresque à son débit.

L'ambition politique contenait toute sa vie, et dans l'affection qu'il me prodiguait, il y avait surtout de la reconnaissance des millions qui devaient lui ouvrir les grandes voies.

Il y avait bien en lui aussi la vanité de la richesse : c'est ainsi qu'il se faisait conduire au ministère dans

le coupé ou la victoria dont l'attelage, deux trotteurs anglo-normands,
avait coûté mille louis.

J'en souriais, moi, qui prenais
volontiers un tramway pour aller
chez mes fournisseurs. Mais un jour
Danton voulut s'en expliquer.

— Les ennemis de la République
prétendent, me dit-il, que les républicains sont tous des *meurt-de-
faim*, il faut leur montrer le con-
traire et que nous avons aussi notre
aristocratie.

Aristocratie de la République, c'é-
tait l'idée exprimée par Mme Floquet.

Mon deuil m'avait tenue à l'écart
du monde officiel où devait régner
désormais cette aristocratie sortie

des principes de 1789 par le travail,
la grande industrie et le progrès.

Je connaissais plutôt quelques
personnes appartenant aux vieilles
couches et franchement ralliées à la
République.

C'était le chevaleresque Anatole
de la Forge, dont la grâce s'épa-
nouissait charmante, autant que res-
pectueuse devant les femmes. M. de
Marcère, ministre dont la gravité
d'ancien magistrat s'éclairait en sourire dans les salons. Enfin une fois,
une seule fois, j'avais vu Gambetta ;
la première impression que j'éprouvai
fut étrange. Tout d'abord, il me parut
lourd et commun et son accent blessait mes oreilles de Parisienne ; mais

soudain il me sembla transfiguré, son
visage illuminé par la pensée devint
noble, sa parole sonore se voilait de
tendresse et de mélancolie et modu-
lait des sons comme un violoncelle ;
il me remuait le cœur, et avec son
esprit, quand il avait jugé de l'effet
produit, il se dégageait de lui un
charme de séduction profonde.

Parmi les femmes, la première
que je vis fut l'Egérie qui régna au
commencement de la troisième République, et aussi par sa beauté et
son esprit, Mme Adam. Au temps où
j'avais passé mon examen, question-
née sur les femmes de la Révolution,
je m'étais passionnée pour Mme Roland et je ne sais pourquoi je trou-

vais une affinité de natures entre ces deux femmes amies de la liberté !

Nous étions sous le ministère Constans, les salons ne s'ouvraient guère pour les fêtes ; en revanche les anecdotes couraient.

Une jeune femme d'origine créole, très belle, ayant plu à un ministre, celui que Gambetta appelait le Vicaire de Wakefield, rêva d'avoir un salon politique faisant échec à celui de Mme Adam. Celle-ci en fut informée, et devant son émoi, sa fébrilité un peu coléreuse, Gambetta haussa les épaules.

Le lendemain le Vicaire de Wakefield fut avisé par un petit mot venant de haut lieu que Mme C...

était invitée à rester très strictement dans la vie privée mondaine.

Nous arrivons au grand ministère; j'étais allée plusieurs fois à la Chambre, et en dehors de tout ce que Danton m'avait dit et expliqué sur les hommes du Palais-Bourbon, je voulais avoir une opinion personnelle.

J'avais entendu M. Waldeck qui, à cette époque, paraissait plus jeune même que son âge. Il était mince, le visage fin et allongé, une douceur d'éphèbe se fondait dans sa personne, une timidité d'élève de la rue des Postes arrêtait ses gestes, le bras droit levé raide, automatique, retombant sur la tribune.

Cependant, il était éloquent et d'une clarté qui rappelait celle de M. Thiers.

Ce fut peu de temps après qu'il devint ministrable.

Le voici donc à l'Intérieur et Gambetta aux Affaires étrangères.

Il y eut une période de fêtes très brillantes à l'un et à l'autre ministère.

Mme Liouville, qui devait plus tard devenir Mme Waldeck-Rousseau, était à cette époque une adorable jeune femme d'une beauté délicate et d'une grâce incomparable. Mme Camescasse, la femme du préfet de police, très jolie et très élégante, se partageait avec elle les succès du ministère de l'Intérieur.

Je dansai beaucoup cette année-là, on cita mon nom dans les chroniques mondaines et toujours accompagné d'un qualificatif louangeur.

Cependant ma beauté n'était pas de celles qui s'imposent : mes traits manquaient de régularité ; mais le front était d'une belle ligne et les yeux superbes, disait-on, la taille souple, élégante et les mains parfaites. Enfin, telle j'étais, on s'accordait à dire que Danton était un homme heureux d'avoir des millions sans plus de sacrifice.

Quant à moi, ladite opinion publique contestait mon goût ; mais ceux qui croyaient en Danton me trouvaient joliment intelligente d'avoir uni ma destinée à la sienne qui devait être glorieuse !

Avec mes vingt ans, j'oubliai dans le tourbillon des fêtes pendant quelques mois que le temps s'écoulait et que mon grand homme restait inconnu !

Cependant lui, conservait toujours sa même activité et sa ténacité s'augmentait encore par l'envie. Il maugréait souvent sur la chance de certains jeunes hommes qu'il jugeait ses inférieurs.

Cette idée dominante de sa valeur finit par s'imposer chez moi, et je m'imaginai d'agir même à son insu pour le mettre en lumière, le voir enfin monter à cette tribune où sa belle éloquence devrait buriner son nom dans l'histoire.

Mon père possédait un château, ou plutôt un manoir, en Normandie. Ses dépendances étaient importantes : deux fermes, des herbages loués au haras.

Je devenais propriétaire de ce domaine, et il me sembla facile de trouver dans cette circonscription assez d'électeurs portant Danton candidat à la députation ; à ce moment il s'agissait de remplacer le député X..., radical, qui venait de mourir.

Je fis un voyage seule à Saint-P..., emportant beaucoup de cadeaux pour nos tenanciers, les chargeant discrètement de vanter le beau talent de mon mari, ses hautes relations, leur révélant en outre notre influence dans les sphères mondaines.

J'allai chez le pharmacien, que l'on m'avait désigné comme un chef de parti, acheter de légers paquets de tilleul et de fleurs d'oranger ; je me fis aimable, gracieuse pour sa femme qui regardait curieusement mon costume, son bébé sur les bras. Je m'approchai d'elle, je caressai l'enfant, la félicitant de sa jeune maternité, l'assurant du regret que j'éprouvais de ne pas connaître encore ce bonheur. Je mentais effrontément, car, voulant accomplir tâche d'homme, je ne désirais pas être mère. Il me sembla bien avoir conquis le mari et la

femme, et je glissai quelques mots
sur les événements du jour, en personne savamment renseignée ; mais
le Homais moderne resta fermé, et
je sus qu'il était bien plus avancé que
nous, et tout prêt même à passer dans
le camp de l'opposition. Au centre de
ce pays fertile, le paysan lui-même,
fier de son indépendance, aime assez
à la montrer. Avec un sourire nar-
quois, il affectait de ne pas admettre
de supériorité chez les hommes néces-
saires à la prospérité d'un pays. Il
estimait que celui qui gagne cent
mille francs et plus par an à fabri-
quer des fromages est de force à s'occuper des besoins et des intérêts de
son pays.

Au reste, il faut convenir qu'en ce qui concerne la question agricole, ils sont compétents. Et pour eux, tout est là !

Je ne me rendais pas compte de cet exclusivisme ; mais je sentais peu de sympathie autour de nous ; cependant mon père et ma mère avaient été aimés, et moi-même, aux quelques jours de vacances que je passais là, n'avais eu que des relations très affectueuses avec les fillettes de mon âge.

Je revins à Paris, sans parler à Danton de mes négociations, lorsqu'il me dit :

— Allons ! nul n'est prophète dans son pays. Je reçois une lettre

de mon père, qui m'affirme que je
n'aurais pas deux cents voix chez moi,
les uns me trouvant trop jeune, les
autres, ceux-là, des jaloux ! que je
ne suis pas si fort que cela, sans quoi
je serais allé à Périgueux plaider,
plutôt que de rester à Paris où je reste
muet. Alors, il faut essayer en Normandie, ajouta-t-il.

Mais je dus lui dire mes tenta-
tives et mes appréhensions.

Il fut navré.

— Il faut être le candidat de l'Inconnu ! s'écria-t-il.

De cette double déception, il résultait en effet que nous devions
chercher un autre terrain. Séjourner
comme sous-préfet quelque temps

dans une ville, y prendre position
par notre fortune, nous y créer des
amitiés par notre amabilité, des dévouements par notre libéralité ; tout
cet appoint aux électeurs d'une candidature officielle nous assurerait
une majorité.

Nous fûmes bientôt nommés dans
une ville de l'Ouest.

Ce n'est pas un petit événement,
croyez-le, que de débarquer dans
une ville de douze mille âmes avec le
titre de sous-préfète. C'était un dimanche matin, après la messe de
neuf heures, celle des élégantes.
Danton était arrivé la veille, il
avait été reçu officiellement par le
maire, le conseil municipal, conduit

à la sous-préfecture au son des tam-
bours et de la musique.

Il vint à la gare dans un landau
de louage attelé de vieux chevaux
blancs, qui conduisaient les mariées
à l'église, depuis sept ou huit ans.
Mme la mairesse avait tenu à venir
me recevoir. Elle le fit avec une
bonne grâce aimable et l'aisance parfaite d'une personne qui se sent chez
elle. En effet son père avait été le
maire de la ville pendant dix-huit
ans.

J'étais enveloppée d'un grand
manteau de voyage belge et ma to-
que entourée d'une épaisse voilette
ne montrait aucune coquetterie.
Mais derrière le landau marchait

l'omnibus chargé et surchargé de malles de la plus belle fabrication anglaise, et les yeux des dames qui sortaient de l'office cambriolaient ces bagages qui devaient contenir mes toilettes.

DEUXIÈME CAHIER

DEUXIÈME CAHIER

L'hôtel où nous devions résider ne manquait ni d'apparence ni de confortable, et je m'y installai commodément. Je n'avais amené avec moi que ma femme de chambre.

La cuisinière, cordon bleu de la sous-préfecture, y était attachée comme un fonctionnaire inamovible.

Grande, une bouche lippue et gourmande, avec une légère mous-

tache, elle se promenait et s'agitait
dans ses cuisines, allant des casse-
roles au four à pâtisserie, mau-
gréant et commandant à la fille de
cuisine rougeaude qui lavait la vais-
selle en tremblant !

Le domestique mâle qui appartenait au bureau était aussi son su-
bordonné et la femme de chambre
m'informa de l'état des choses, me
disant qu'elle redoutait cette Alexan-
drine autoritaire ; mais, pensâmes-
nous, avec un peu d'habileté on
pourrait toutefois éviter les chocs.

Il n'était pas difficile à une fille
rompue au service de Paris, intelligente et souple de caractère, d'avoir
raison de cette virago primitive.

Il s'agissait de gagner ses bonnes grâces par une politesse et une complaisance sans flatterie. Cela fut vite fait, et bientôt, elle se découvrit telle qu'elle était : bavarde, prétentieuse, affichant un mépris des institutions nouvelles, et réactionnaire forcenée ! On se demandait comment elle était vissée à cet hôtel de la sous-préfecture.

« Moi, disait-elle, j'aime la noblesse, j'ai été élevée au château de M. le marquis de la Roche-Landry. On a beau dire, je crois que ces gens titrés ont plus d'esprit que les républicains.

» D'abord, ce Gambetta *n'est pas mon homme*, malgré tout ce que

l'on dit de lui. Ah, sait-il seulement
ce que c'est de se faire respecter ?
A chaque instant on parle de son
cuisinier en manière de rire, Trompette par ici et Trompette par là. Il
peut donc pas le faire appeler Monsieur ? »

Après avoir ri des appréciations
de notre cordon bleu, nous prîmes
le parti de la laisser régner dans la
maison et nous acceptions ses menus
sans la moindre observation.

J'étais entrée en relations assez
suivies avec quelques dames de la
ville, femmes de fonctionnaires et
demoiselles à marier.

Le salon d'une sous-préfète est
souvent un lieu propice aux entre-

vues : on danse, on valse en montrant
ses préférences réciproques et les
mariages se font après une saison.

J'avais, comme je vous l'ai dit,
apporté beaucoup de toilettes signées
Laferrière, d'une simplicité de haut
goût, malgré leur richesse ; je les
sortais peu à peu, affectant d'aimer
porter le même costume souvent.

La belle saison venue, je cédai à
ma fantaisie : le blanc et le crème
avec de grands chapeaux noirs.

On parla, on commenta et beaucoup de cancans fidèlement reportés
ne changèrent en rien mon goût.

Mme la mairesse, dont la sympathie pour moi n'avait point subi de
refroidissement, me questionna gen-

timent en me prenant par la manche de mon corsage de mousseline
coupé d'entre-deux :

— Vous ne craignez point la fraî-
cheur ?

— Mais, répondis-je, le soir je
passe un vêtement.

— Ah oui !

Je la regardais fagotée dans une
robe héliotrope bariolée de velours,
et je ne pus m'empêcher de lui retourner la question :

— Est-ce que vous n'avez pas
chaud avec cette robe ?

— Non, mon Dieu non, nous
sommes habitués aux tissus riches.

Nous étions allés en excursion
dans toute la contrée : je trouvais ce

pays pittoresque et surtout profondé-
ment attachant par son passé histori-
que. Le maire de Chantonnay nous in-
vita à dîner et à passer la nuit chez
lui afin de nous rendre le lendemain
à Challans, où la noblesse fêtait la
Saint-Henri en l'honneur de Mgr le
comte de Chambord.

C'était une délicieuse soirée que
celle-là ; ce joli bourg reposant aux
pieds des bois de Pouzange est
frais et coquet ; son clocher s'élance
du milieu d'arbres centenaires où
gazouillent les oiseaux, et les cloches
ont un timbre clair et sonore à la
fois qui réveille en nous les douces
sensations du jeune âge.

Mme la mairesse en vérité sur-

passa toutes les personnes que j'ai
connues en nous offrant l'hospitalité.

Simple, eût-on pu croire, ce souper en pleine Vendée, pays triste et
très malheureux, commandé et or-
donné par une femme en coiffe à
des servantes en sabots. Mais quelle
surprise ! Après un potage exquis
auquel Marguery eût trouvé un nom
capable de séduire sa clientèle élégante, on nous servit *des pigeons en
tourtière*, un plat que l'on ne connaît
probablement pas à Paris, ensuite
des oreilles de veau farcies, quelque
chose de délicat qui ne figure pas
non plus dans les menus à la mode,
des légumes à la crème, une pou-
larde rôtie et des pâtisseries tout à

fait spéciales et des entremets inédits.

Des jeunes gens et des jeunes
filles du pays nous chantèrent de
jolies romances et des mélopées qui
me firent rêver.

Nous voici montés dans une chambre où nous devions passer la nuit.
Le plancher blanc, des rideaux de
mousseline claire éblouissants voilaient les fenêtres et le grand lit au
baldaquin garni de camaïeu où de
gentils personnages sur fond mauve
jouaient du luth et dansaient en des
poses naïves.

Sur la cheminée, des candélabres
en papillons étaient allumés en notre
honneur auprès de la vieille petite

pendule d'albâtre, qui sonnait, babil-
larde, les douze coups de minuit.
Il était temps de se reposer, on devait partir pour Challans à sept
heures.

L'hospitalité si large et si aimable
de Chantonnay m'aurait certaine-
ment laissé son souvenir très vif et
très touchant, mais un détail tout
petit a mis une gaieté dans ma mémoire. Sur les oreillers, nous trou-
vâmes un bonnet de coton pour monsieur le sous-préfet et, pour moi, un
bonnet de nuit avec une garniture
tuyautée et de grandes brides. Nous
éclatâmes de rire et ne pûmes nous
empêcher de nous en coiffer pour
nous rendre compte de l'effet que

nous nous produirions mutuellement.

Challans, gros bourg, ville district au temps des guerres de Vendée, est resté un centre d'action politique.

Il y a dans les deux races, les blancs et les bleus, une descendance dont la haine ne s'est jamais éteinte.

Les nobles gentilshommes campagnards n'ont rien perdu de leur morgue et les autres rien de leurs griefs.

Le banquet du comte de Chambord était tous les ans l'occasion de protester et de manifester de part et d'autre.

Rien n'était curieux comme l'ar-

rivée des trains. Ils amenaient de la
Bretagne, de l'Anjou et même de la
Touraine des familles nombreuses,
et des prêtres, et des vieilles filles
toujours dévouées à la cause.

On me montra des demoiselles de
Montaigu au visage émacié et par-
cheminé sous leurs capotes noires
surannées, desquelles pendaient,
comme des lambeaux de deuil, de
grandes voilettes de dentelle ; leur
maigre corps s'allongeant sous leurs
châles noirs.

Et à ce moment, un petit rejeton
vêtu à la mode, ganté de rouge,
grimpé sur sa bicyclette, s'approcha
d'elles pour leur présenter ses hom-
mages ; les vieilles couches firent un

mouvement de recul, comme si le jeune homme fût un renégat.

L'endroit où se tenait le banquet était situé entre la gare et le bourg, dans une grande zone où chaque année on établissait un baraquement pouvant contenir deux ou trois mille personnes.

C'était M. Baudry d'Asson qui présidait à tout : il disposait des aunes de boudin et des barriques de petit vin blanc avec lequel les paysans portaient la santé du « Roy. »

On ne peut se douter de la physionomie d'un petit pays sincèrement soulevé par l'Idée, car tous ces gens-là ne marchent ni pour l'argent ni pour l'ambition, ils sont

esclavagés dans le passé et ne cher-
chent qu'en lui les éléments du
présent.

Comme nous sortions d'un hôtel
où nous avions déjeuné, j'aperçus
une Parisienne de marque, veuve re-
mariée récemment à un député. Il y
avait eu même une aventure assez
bizarre à Paris au sujet de ce mariage.

M. G... sortant de chez sa fiancée
avait été enlevé et emmené au grand
trot dans un fiacre par une ancienne
maîtresse qui voulait lui faire sous-
crire des billets pour une somme im-
portante. Mme D... qui, elle, avait
déjà eu beaucoup d'ennuis avec la
famille de son mari, informa la Pré-

fecture de la disparition de son fiancé. Elle fut vite rassurée ; on lui dit que le député ne courait aucun danger, mais on glissa habilement sur la cause du rapt.

Néanmoins, quelque temps après, elle sut quelle était la personne et le mobile qui la faisait agir.

D'une nature autoritaire, d'un esprit supérieur à celui de son mari, ne l'ayant épousé que dans le but de jouer un rôle politique, elle conçut un vif ressentiment contre un homme qui n'avait pas eu l'habileté et le courage de se débarrasser d'une maîtresse.

C'est alors qu'elle loua un chalet dans l'île de Noirmoutiers, voulant s'isoler, s'éloigner un peu de son mari et rentrer sur la scène parisienne avec une œuvre littéraire.

C'était la première fois que je la voyais, elle me parut très bien !

Cependant les gens du pays débitaient sur son compte, non des calomnies injurieuses, mais des petites médisances sur son excentricité, sa manière de vivre et surtout par rapport à cette séparation volontaire d'avec son mari, lorsqu'à Noirmoutiers elle n'avait ni famille, ni amis.

Gambetta mourait dans la nuit de décembre à janvier; dès le matin la sous-préfecture était avisée, et nous dûmes contremander le dîner de douze couverts auquel nous avions convié quelques fonctionnaires.

Ayant conscience du choc que cette mort devait produire, Danton, aussi bien que moi, pensa tout de suite à partir pour Paris.

Nous quittâmes la sous-préfecture, sans donner l'éveil de notre voyage, nous rendant en voiture à la station suivante afin de n'être pas vus en gare.

Dès le lendemain, Danton se mit en campagne et, d'après les renseignements qu'il obtint, la situation politique ne devait pas changer.

Nous voici réinstallés dans l'hôtel de mon père, ayant demandé un congé régulier, et j'avoue que j'eus

beaucoup de plaisir à me retrouver
à Paris et une joie un peu maligne
d'avoir pu sortir de X... où j'espé-
rais bien ne pas retourner sans
faire des adieux solennels à *la société*.

D'ailleurs, la mort de Gambetta,
je le savais, avait soulevé des tem-
pêtes.

Les puritains levaient les mains
au ciel. Tué par une femme, telle
était la légende établie dès la première heure et qui défrayait toutes
les conversations. Les beaux doctri-
naires de canapé, parlant précieu-
sement, écoulaient des stocks de
théories sur la vertu, interrompus
par des curieux qui demandaient :

— Est-elle jolie?

— Est-elle jeune?

La psychologie n'existe guère
pour les Catons justiciers, et au nom
de la morale, vite ils condamnent
l'humanité, sans lui accorder la seule,
la suprême excuse, la puissance de
la vie.

Danton travaillait, il relisait
l'histoire de la Révolution, celle de
Thiers, celle de Michelet, lisant et
commentant avec la volonté de se
faire un jugement net, personnel sur
tous les personnages de cette grande
époque.

Décidément, il resta fidèle à Danton, il s'identifiait même avec lui : je
m'intéressais à ce moment beau-

coup à ses espérances, à ses efforts,
et il m'arrivait souvent d'entrer dans
son cabinet de travail, lorsqu'il n'y
était pas, et de regarder ce qu'il avait
composé.

Des discours ! des discours, et des
discours ! Danton les écrivait, puis
les prononçait pour lui-même devant une glace afin de surveiller ses
gestes.

Parfois je le trouvais sublime et
parfois je cédais à un fou rire, le
voyant ridicule. S'il avait pu se
douter de ce qui se passait en moi il
m'en eût voulu toute la vie.

Un jour de belle gelée, au ciel
clair, j'étais sortie avec Danton ; les
chevaux portaient beau et le cocher

sous sa fourrure avait sur son siège
la belle attitude insolente qui convient aux gens de maison. Il retenait les guides avec effet, faisant
piaffer ses trotteurs sous la mèche
du fouet.

Nous nous arrêtâmes devant la
grille de la place Beauvau. Danton
descendit et traversa la cour pour
aller au cabinet, moi, je restai dans
le coupé bien cachée, faut-il croire !

Deux messieurs, qui avaient dû se
croiser avec Danton, se plantèrent
sur le trottoir, regardant l'attelage.

— Joli, cela, dit l'un.

— Oui, dit l'autre ; savez-vous à
qui cela ?

— Non !

— A Danton !

— A Danton ?

— A lui-même !

— A-t-il eu une chance, celui-là ; et encore avec sa fortune, il lui faut picorer sur le budget : il est revenu de sa sous-préfecture, et demande une préfecture.

— Mais, vous savez, on n'a pas une chance pareille : deux millions et une jolie femme. Il sera... évidemment, il le sera !

— Mais, mon cher, puisqu'elle l'a épousé pour lui-même.

— Bast ! elle finira par le trouver insipide, ce qu'il est, en somme.

Je rougissais de honte et de colère, lorsque je vis Danton revenir à

grands pas, affairé comme toujours.
Il frôla les deux hommes et mit la
main à son chapeau. Aussitôt, l'un
d'eux le salua et lui tendit la main.

C'était celui qui l'arrangeait si
bien. Un ex-sous-préfet aussi, qui se
fondit en récriminations sur la province. Des crétins ! des goinfres ! qui
dévoraient tout au buffet, les jours
de soirée ; et il se répandait en détails. Il avait fait manger des fraises
au mois de février, et ces gens-là
ne savaient pas vivre !

Danton souriait de haut en disant :

— Qu'est-ce que cela fait ?

Enfin, ils se séparèrent, Danton
monta auprès de moi et dès que

nous fûmes partis, je lui demandai le nom de ces messieurs.

Le sous-préfet était marié à une femme un peu plus âgée que lui, et c'était d'elle qu'il tenait un peu de fortune. Assez excentrique, Mme L..., posant pour le bas-bleu, s'était fait détester. Elle interrogeait les petits jeunes gens sur Kant, et leur disait de faire danser les paquets, en leur désignant les femmes les moins sveltes et les jeunes filles qui sortaient de pension.

L'autre était un ancien secrétaire du secrétaire général, dont la situation, pour le moment, restait aléatoire.

Je me gardai bien d'instruire mon

mari de leurs sentiments pour lui ;
mais je montrai à l'endroit de M. L...
une antipathie qui se pouvait admettre en raison de sa personne. Grêle,
de vilains yeux aux paupières vis-
queuses, des cheveux d'un blond
sale, et une bouche mi-édentée sous
une moustache rousse, il était laid !
Quant à l'autre, il avait une tête
brune d'avocat, avec ses favoris en
côtelettes et le menton rasé, luisant
comme celui d'un cabotin.

A vrai dire, ils me faisaient trouver Danton très bien ! Nous atten-
dions la préfecture, les élections de
1885 auraient lieu dans quinze mois,
il était temps de préparer le terrain.
C'était dans l'Ouest, dans la région

que nous connaissions déjà, que nous
obtînmes une préfecture de troisième
classe. La ville, un peu triste, ne me
déplut pas cependant ; aussitôt que
j'eus rendu des visites, je m'habituai
à la pensée d'y vivre assez agréable-
ment, ayant trouvé quelques personnes d'esprit large et de commerce très aimable. L'hôtel de la
préfecture était bien situé et entouré d'un parc et de beaux jardins.

L'esprit politique de la ville nous
plut beaucoup, les deux camps étaient
bien séparés l'un de l'autre, franchement, sans aucune hypocrisie.
Nous ne craignions point les im-
pairs.

L'église, que l'on appelait la cathé-

drale, était desservie par un ami de
M. C... et un certain souffle de
liberté passait dans les coups d'en-
censoir. Les sermons se ressentaient
de cette amitié d'enfance. Le curé
ne se montrait pas ultramontain,
et l'évêque, plus d'une fois, protesta
avec sa superbe de prélat arriviste.
A peine s'il avait quarante-six ans,
cet évêque, ce robuste d'origine
obscure, favorisé par quelque loi
naturelle. Brun, les yeux larges, pro-
fonds, la mâchoire lourde et les
épaules trapues, il avait l'allure d'un
conquérant. Tout semblait comman-
der chez lui, et tous semblaient s'in-
cliner. Son intelligence était haute,
son caractère ferme ; mais il lui man-

quait la dignité qui met l'auréole au
front du prêtre.

Son rôle politique l'absorbait, il
se passionnait contre toute idée libé-
rale, il condamnait l'instruction chez
le peuple, lui qui, de la plus basse
origine, s'était élevé par les bienfaits
du travail intellectuel à l'épiscopat.

Il venait au chef-lieu de préfecture, assistant ou présidant plutôt
des réunions, appelées conférences,
dans lesquelles on flétrissait et la
République et ses gouvernants. En
province, comme à Paris, il y a
toujours des oreilles au service de
l'administration, et Danton savait
tous les agissements du clergé sous
les ordres de l'évêque. Mais il avait,

comme beaucoup d'opportunistes
d'alors, pour principe de dire : C'est
l'ennemi, nous le connaissons ; puisqu'il appartient à l'Etat, nous restons
maîtres de lui.

Le 14 juillet était, pour la réac-
tion, la date choisie pour la révolte.
Dans les villes, ce n'étaient que vexa-
tions à la République. On pouvait
parcourir des quartiers entiers sans
voir un seul drapeau aux fenêtres, et
le soir, obscurité complète.

On sait que les maires ont le droit
de faire planter le drapeau sur le
clocher des églises. Et l'ordre leur
était donné de passer outre, en cas
de résistance de la part du desser-
vant.

Le cas se présenta dans plusieurs
endroits. Danton avait averti les
maires qu'il ne tolérerait aucune faiblesse.

Il y eut alors scandale; deux curés,
refusant les clefs du clocher, virent
le serrurier ouvrir au nom de la loi
et le drapeau flotter victorieusement
aux cris de *Vive la République!*

Quelque temps après, je me trouvais présidente d'une œuvre de charité ; plusieurs dames faisant partie
de cette œuvre m'accompagnèrent.

L'évêque, qui venait d'arriver,
nous rencontra dans la grande cour
qui précédait le bâtiment des orphe-
lines.

Marchant vite au milieu de ses

vicaires, il enjamba le perron en relevant sa soutane violette et se trouva juste vis-à-vis de nous. La croix pastorale remuait sur sa large poitrine ; son regard se cloua froid et dur sur moi, à tel point que je m'inclinai tête basse comme pour recevoir sa bénédiction ; mais il nous eut vite dépassées ; j'entendis alors une voix qui lui disait :

— C'est la préfète, monseigneur.

— Je sais, répondit-il.

Au courant de la cérémonie, il fut obligé de m'adresser la parole ; il le fit à la présidente de l'œuvre et négligea les moindres formules qui l'obligeaient à parler du préfet.

A l'issue, il nous salua avec dis-

traction, voulant marquer son im-
politesse.

Toute la ville en parla et Danton,
dès ce jour, jura de le combattre
bravement.

Mais l'évêque était sans cesse en
tournée, prêchant dans toutes les
églises de son diocèse contre la République et invitant les auditeurs à
la révolte contre l'autorité. Le ministère en fut informé et des circu-
laires, rappelant à l'ordre l'évêque et
les curés de son diocèse, les rendirent circonspects mais ne ralentirent
point leur activité. Ils travaillèrent
aux élections avec rage pour le succès de leurs candidats. Ceux qui devaient se présenter l'un pour le gou-

vernement, l'autre pour le parti avancé, n'étaient pas désignés encore et nul ne soupçonnait que Danton dût donner sa démission et se porter au dernier moment dans la deuxième circonscription. Nous avions déjà gagné des amitiés et de vrais dévouements.

Danton tenait assez bien son emploi, les conseillers de préfecture, tous des fils de famille du pays, nous étaient acquis. Les bals, les soirées dansantes, les thés et les dîners de la préfecture avaient facilement ouvert la porte à nos espérances ; *toute la société* du département passait chez nous, et la jeunesse nous devait servir aveuglément. Cependant, il était bon de se montrer dans les campagnes et de préparer son programme.

Nous fûmes invités chez le père d'un des conseillers de préfecture qui habitait F... Ancien magistrat, ce bourgeois issu du Tiers Etat était d'une grande distinction ; sa femme, une de ces jolies créatures nées du romantisme, une belle fleur de province que le vent des passions n'avait point remuée et qu'une brise de sentimentalité avait seule effleurée.

Leur hospitalité charmante et la cordialité familière de leur fils nous rendirent ce séjour très agréable ; nous fîmes chez eux la connaissance de futurs électeurs de Danton.

On savait qu'un négociant en al-
cools devait se porter candidat à la
députation, soit pour le gouvernement, soit en avant, car pourvu
qu'il eût son mandat, le monsieur
ne tenait pas essentiellement à son
programme. La femme, une petite
bourgeoise affamée d'honneurs, se
dépensait dans toute la campagne
environnante pour arriver à son
but.

Lui, un lauréat du collège de sa
ville, déjà conseiller général, avait
bien quelques amis et des soutiens
dans cette ville, et on nous donna à
prévoir que la lutte serait vive.

Néanmoins, c'était là que nous
avions résolu de poser la candida-

ture de Danton, quoique nous fussions près de notre terrible évêque.

Nous eûmes, avant de retourner à la préfecture, une réunion de tous les électeurs de Danton. La sympathie que l'on nous montra, le concours de leur voisinage, duquel nous étions assurés, nous donna une grande foi dans le résultat.

Nous recevions des nouvelles de Paris, quelques chroniques inédites que l'on me confiait discrètement.

Mme X..., et Mme Z..., qui depuis deux ans rivalisaient de grâce et de beauté aux yeux de tous les salons, s'étaient prises un jour, nous n'oserons pas dire aux cheveux, mais de langue à propos de l'objet aimé.

Elles ne jugèrent pas, comme au temps de la Fronde, devoir prendre l'épée. Celle qui triompha fut la vaincue, elle fut définitivement aimée. L'autre, devenue veuve, ne tarda pas à oublier qu'elle était une grande dame de la République, et après une absence d'un an, revint à Paris, duchesse.

On avait depuis longtemps assisté à des défections d'amitié, à des scissions politiques. Paul Bert avait conquis Gambetta et Mme Adam, qui continuait en poète le rêve d'une République athénienne, avait commencé à s'insurger sur cette méthode scientifique positive.

Son salon déserté par ses amis

des premiers jours, elle eut le courage viril d'un homme. Elle fonda
la *Nouvelle Revue* où elle faisait elle-
même l'article politique.

Je la revois au début, vaillante,
active et pleine d'espérances, dans
son grand salon-bureau du boule-
vard Poissonnière, au rez-de-chaus-
sée de cette même maison où elle
habitait ce qu'elle appelait son *colombier*, au troisième, l'appartement où
le salon au temps difficile avait vu
passer tant de républicains traqués
comme conspirateurs.

Son esprit et son caractère, au-
dessus des autres femmes dans les
circonstances sérieuses de la vie, en
temps ordinaire faiblissaient, par

sentiment absolument féminin. Elle était belle, son charme incontestable mettait beaucoup de gens à ses pieds, et elle se trouvait humiliée lorsque la résistance de quelqu'un entravait sa volonté et ses projets.

Un jour de séance à Versailles, Mgr Dupanloup causant dans la cour de marbre avec Mme la maréchale de Mac-Mahon fut tout à coup interpellé par celle-ci. Mme Adam, en robe de dentelle noire avec une délicieuse petite capote de bluets piquée de coquelicots, passait, jeune, légère, élégante.

La duchesse de Magenta, un peu fagotée dans des nuances criardes *solférino*, dit, ironique :

— Voici la grande dame de la République!

— Dites la grande femme de la
République, madame, riposta le
prélat.

La duchesse le regarda, et avec
des yeux vifs et perçants chercha
sur le visage de l'évêque une lueur
de sa pensée.

Etait-ce un éloge? Etait-ce une
injure?

La casuistique de Mgr Dupanloup
laissa la duchesse rêveuse.

La démission de Danton fut un
coup inattendu et l'évêque n'en devinait pas le motif; il crut que mon
mari n'avait pas montré assez de
fermeté et que la veille des élections

on voulait le remplacer par un préfet
à poigne. Il pensa que, blessé de
cette mesure, Danton, avec sa belle
indépendance de fortune, se retirait.

Quels ne furent pas son désap-
pointement et sa fureur lorsque les
candidatures furent déclarées !

Les habitués de sacristie étaient
chargés de colporter toutes sortes
d'histoires terribles sur notre fortune : mon père, fils d'un conven-
tionnel guillotiné après avoir à lui
seul fait tomber des milliers de têtes,
je devais être le mauvais génie de ce
Danton, je le rendrais sanguinaire
un jour, d'après les lois de l'ata-
visme.

Nous voici prenant position ; nous

ayions fait acheter sur un coteau
lumineux une maison de maître, dé-
pendant d'une succession ouverte.
Nous nous aperçûmes que des fleurs
de lys dorées décoraient la grille.
Immédiatement nous les fîmes enle-
ver. Alors les héritiers de ce légiti-
miste eurent l'idée de nous intenter
un procès, ces respectueux collaté-
raux alléguant que leur devoir les
contraignait à sauvegarder la propriété de leur oncle de tout acte de
vandalisme.

Nous ne nous inquiétâmes pas
beaucoup de leurs revendications,
mais nous voyions tous les jours des
bandes de curieux s'arrêter devant
la grille, lever les bras, hausser les

épaules, et s'en aller avec des airs désolés.

Enfin, la date des élections était proche, le ministère avait envoyé un journaliste de Paris faire la campagne, dans son journal officiel; le rédacteur en chef, routinier dans sa petite besogne provinciale, laissait carte blanche au publiciste hardi, retors, qui tendait des pièges à ses adversaires et les couvrait de ses ironies.

Ce journaliste de beaucoup d'esprit était un raté pourtant, qui, avec sa liberté et son indépendance, son originalité, ses boutades, s'était vu fermer les portes de tous les journaux, après les avoir vues s'ouvrir

toutes grandes après quelque article
brillant. Avec son tempérament la
lutte lui convenait et il s'y passionnait, comme si pour lui-même il ait
eu à combattre.

Il était venu deux ou trois fois
dîner à la maison qui s'appelait
Chantemerles, et assez discrètement
pour que ses adversaires l'aient
ignoré. Sa conversation nous plut
énormément et c'était, dans ce pays,
une joie, ou du moins un grand plaisir, de retrouver Paris avec toutes
les forces vives d'une culture d'esprit, quelques heures, lorsque nous
en étions si éloignés et privés depuis
un an.

Nous avions fait venir notre victoria, nos deux chevaux et notre cocher.

J'aimais à me promener dans cette campagne où les genêts d'or coupent la lande, au-dessus des petits chemins, un buisson où tombèrent, de quelque côté que ce fût, de véritables héros.

Je me fis conduire un jour à L.... Je voulais connaître ce vieil évêché, le plus crotté de France, d'où Monseigneur lançait l'anathème sur notre maison.

La ville — est-ce une ville ? non, c'est plutôt un gros bourg — n'a aucun caractère : de petites maisons vieillottes semblent construites pour abriter des êtres stériles, une monotonie pèse dans l'air, rompue parfois par l'énorme son des cloches, solennel et triste, dont l'écho lui-même est assez puissant pour galvaniser, par instants, la campagne somnolente dans son grand mystère.

TROISIÈME CAHIER

TROISIÈME CAHIER

C'est un dimanche ; les paysans, frais rasés, les mains sous leurs blouses, se touchent du coude en marchant. L'œil en coulisse, la lèvre narquoise, ils se rendent à la ville pour voter.

Danton reste dans son cabinet de travail et moi, je fais atteler, voulant aller, comme j'en ai l'habitude, en-

tendre la messe et faire mon tour sur
le Mail.

Je rencontre beaucoup de gens qui
me reconnaissent et me saluent,
d'autres qui me dévisagent et qui se
parlent avec des airs mystérieux.

Je passe devant la mairie : là des
groupes stationnent, causant ou lisant
sur les murs les affiches et les pro-
clamations. Les uns secouent la tête,
les autres haussent les épaules. Mais
la ville a un autre aspect que tous les
autres jours. Tout à coup, je vois
traverser devant ma voiture le petit
marchand d'alcool. Le cocher est
obligé de retenir les chevaux pour
ne pas l'écraser. Il se plante tout
droit devant moi, comme un homme

qui m'en veut : sa petite tête allongée
de rat, les yeux en vrille, la face
pâle, il met pourtant la main à son
chapeau, puis il interpelle mon cocher :

— Maladroit ! lui dit-il, vous vou-
liez donc m'écraser !

En disant cela il semblait m'in-
terroger moi-même. Je ne me mépris
pas sur son intention et sans prononcer un mot je le saluai, donnant
un coup d'ombrelle dans le dos du
cocher afin qu'il partît. Je ne m'étais
pas trompée, il voulait amener la
foule devant la voiture, protester
contre l'imprudence et même, peut-
être, la cruauté du cocher, nous
rendre responsables de cela et nous

attirer la réprobation publique.

La voiture s'éloigna sans hâte, et je pus voir, au détour de la place, la manifestation qu'il essayait de soulever; mais elle me fut vite expliquée par l'hostilité que je sentais aux portes de l'église lorsque j'en sortis.

Je rentrai chez nous pour le déjeuner où je trouvai, frais débarqué, un de mes cousins, peintre de talent, qui, je n'en doute pas, avec son caractère enclin à la drôlerie, avait pensé s'amuser ce jour d'élection.

Nous déjeunâmes gaiement. Il nous apportait, avec quelques comestibles de grande marque, une belle provision d'anecdotes. Tout Paris illustré, par son crayon. J'aimais beaucoup ce cousin, de quinze ans plus âgé que moi et qui m'avait toujours traitée en enfant.

Je l'observais, et croyais voir la condamnation de Danton dans ses yeux. La journée se passa tout à fait calme, nous avions quelques personnes qui faisaient la navette de F... chez nous. On nous apprit que les barriques de vin mises sur chantier chez un paysan par le marchand d'alcool laissaient couler à flots le jus de la vigne pour ses électeurs.

Des scènes de pugilat, entre les conservateurs et les libéraux, qui ne savaient pas au juste quel était le véritable candidat, se renouvelaient à chaque heure, et les gendarmes

n'arrêtaient personne. Tout était
illuminé chez nous, on attendait le
dépouillement du scrutin. Nous étions
tous assis sur la large terrasse,
Danton calme, ses amis les conseillers de préfecture se livrant à un
pointage, les uns optimistes, les
autres pessimistes. Il pouvait être
neuf heures du soir, lorsque des
bandes en désordre passèrent devant
la maison en criant : « A bas la candidature officielle ! A bas le préfet
de carton ! »

Et des gamins, accrochés à la
grille, essayaient de la secouer et
de l'ouvrir. A l'instant même, le
journaliste, accompagné de deux
agents de police, essayait de péné-

trer chez nous pour y apporter la mauvaise nouvelle. Le petit marchand d'alcool était nommé à une majorité de quatre cents voix.

Après ballottage, les conservateurs, au dernier tour de scrutin, lui avaient passé des voix.

La *Marseillaise* et le *Chant du Départ* emplissaient les rues, coupés de temps en temps par les cris répétés de : « A bas le préfet de carton ! Vive Gabori, le député de l'opposition ! » Danton supporta cet échec mieux que je ne l'eusse pensé et se tournant vers mon cousin :

— Ces imbéciles ne vont pas sans doute nous empêcher de dîner ou plutôt souper sur cette terrasse où

il fait un temps merveilleux. Si je ne
suis pas député ici, je le serai ailleurs.

A cet instant, quatre hommes, portant sur leurs épaules un brancard,
crièrent : « Attention ! nous v'là
avec les restes du préfet. » Un bonhomme de paille, revêtu d'un uni-
forme ressemblant plus ou moins à
celui d'un préfet et coiffé d'un chapeau tricorne claque, fut dressé
devant la grille, aux applaudisse-
ments de toute une cohue qui se
massait autour de la propriété.

Alors mon cousin, s'adressant aux
agents qui avaient accompagné le
journaliste, dit :

— Si dans dix minutes ces forcenés n'ont pas évacué ce coin, nous faisons feu.

Les agents ne se sentaient ni en nombre, ni en autorité, et les clameurs et les insultes continuaient lorsqu'une escouade de gendarmes à cheval arriva au grand trot. Le préfet nous envoyait ce secours, averti par nos amis de F... qui savaient à quelles extrémités se devaient porter nos ennemis.

Après sommations des gendarmes, la résistance continuait lorsqu'une charge de cavalerie dispersa les braillards.

J'avoue que j'étais très émue et que les facéties de mon cousin et celles du journaliste ne me rassu-

raient guère. Quant à Danton, pâle
et défait, il jura de connaître les meneurs de cette horrible comédie et
de leur en faire payer les consé-
quences.

Nous essayâmes de le calmer et
de finir la soirée, comme il l'avait
demandé lui-même, par un souper,
sinon tout à fait joyeux, du moins
agréable.

Nous nous mîmes à table à onze
heures, ayant tous un bon appétit,
car il est rare que la nature perde
ses droits. A peine étions-nous au
premier coup de fourchette que les
timbres se font entendre, les domes-
tiques, des lanternes à la main, vont
voir qui sonne.

Redoutant un nouvel assaut, ils s'étaient armés, les uns de fusils, les autres de gourdins pour faire face à l'ennemi.

Mais ils n'eurent pas à s'en servir, les indiscrets visiteurs de nuit n'étaient autres que des amis et des électeurs qui venaient nous apporter le témoignage de leur amitié et de leur dévouement. Grandes leur furent ouvertes les portes de Chantemerles, et la scène fut des plus rapides et des plus gaies. En quatre minutes, vingt couverts de plus furent mis, et la gaieté de mon cousin, celle du journaliste donnèrent l'élan à celle que comprimaient les circonstances.

Danton par un grand coup de courage se mit à l'unisson et dépassa bientôt les autres en racontant certaines anecdotes du ministère. On l'écoutait parler et il était heureux. Son ton familier de causeur s'éleva peu à peu, et mon malin cousin me dit à l'oreille : « Tu vas voir qu'il va nous lâcher un discours. »

Avec le pâté de foie gras et la salade russe circulaient les coupes de champagne. Danton, les yeux allumés, la lèvre frémissante, posa son verre sur la table après avoir bu une légère gorgée de la boisson glacée, et se levant commença ainsi :

— Mes chers amis, devant votre fidélité à ma cause et votre amitié je ne dois rien vous celer de mes pensées, vous laisser rien ignorer des projets, je dirai généreux, que je formais pour la grandeur, l'affermissement de la République, rêvant à sa gloire suprême dans la paix et à sa prospérité par le Progrès. J'avais développé toutes ces idées et mis au jour toutes mes espérances dans le discours que je devais prononcer. Il me serait doux pourtant que ceux qui se montrent vaillants et confiants auprès de moi me puissent juger tel que je suis !

— Ah ! dit mon cousin, nous y voilà ; le discours l'étouffe, nous sommes obligés de l'entendre.

Malgré tout, l'ironie de mon cou-

sin me mettait mal à l'aise. J'en étais
même blessée, non pour lui seul,
mais encore pour moi, car enfin j'é-
tais son associée, et comme tout être
intéressé dans une affaire, j'avais
dû croire en celui qui la montait.

Le journaliste sceptique et très
ému par les jouissances de l'estomac,
attendri par le champagne, avec un
joli rond de bras levant sa coupe
jusqu'à ses lèvres, dit :

— Allons-y, nous vous écou-
tons.

Mais mon cousin, doucement, était
sorti de table, et, assis au piano, pré-
ludait magistralement par l'andante
à la *Damnation de Faust*. Il jouait en
maître et tout le monde écoutait.

— Quelle trahison ! me dit assez haut le journaliste.

Trahison était un mot bien fort, mais il exprimait à peu près le moyen hypocrite dont se servait mon cousin pour réduire Danton au silence.

Mais dans ce cas, comme dans beaucoup d'autres, Danton restait sublime ; son impassibilité et la dignité de son attitude imposaient le respect et défiaient la moquerie.

Il applaudit mon cousin et lui montrant une grande déférence :

— Mon cher, si vous n'aviez été un grand peintre, vous auriez pu être un grand musicien. En vérité, vous êtes admirable,

Mon malicieux cousin lui répondit :

— Mon cher Danton, si je vous ai procuré un plaisir, c'est que j'ai été surtout inspiré par la volonté de vous distraire un moment de vos soucis.

Si je savais parler comme vous, je vous dirais en trois points que l'art comme la politique a ses heures de cruauté, de combat et de déceptions, je vous exprimerais tout cela avec vérité et précision, ayant eu des heures de lutte et de désespérance, dont j'ai eu le courage et le bonheur de triompher.

Restez donc fort, stoïque, ne vous dépensez pas jusqu'au jour pro-

chain où il vous sera donné de con-
quérir publiquement l'admiration de
vos contemporains.

Le journaliste me dit :

— Eh bé ! c'est lui qui fait son
discours.

Il était quatre heures lorsque nos
amis prirent congé.

Nous n'avions pas encore pris de
résolution quant à l'avenir.

Rester dans le pays à cette heure
n'était guère possible ; en partir
définitivement ou subitement, plus
maladroit.

Mon cousin dit :

— Allez faire une saison aux
eaux, il y en a de bonnes pour la
rate, sans doute !

QUATRIÈME CAHIER

QUATRIÈME CAHIER

— Eh bien ! vous savez ?

— Eh bien ! vous connaissez l'histoire de Danton ?

— Eh bien ! qu'est-ce que vous dites de cela, l'aventure de ce pauvre Danton ?

C'est ainsi que l'on s'abordait du ministère au palais où Danton était inscrit à la Cour d'appel. C'était co-

mique et navrant à la fois, m'a-t-on
dit.

Il y avait surtout un bureau au
ministère où l'on s'en occupait parti-
culièrement, le bureau de la presse.
Celui-là, le mieux renseigné puisqu'il
reçoit le moindre journal de chaque
département, connaissait par le menu
tous les détails de notre catastrophe.

Il y avait là dix-huit jeunes gens
coupant les nouvelles et tranchant
dans les articles, écrivant leurs com-
mentaires en marges pour un travail qui était remis autographié
chaque jour à deux heures au ministre. Parmi ces jeunes bureaucrates
que leur directeur appelait des artistes,
il y avait des protégés de ministres,

des romanciers attendant la fortune, des vaudevillistes guignant la gloire et des fils de fonctionnaires que l'on casait là, en attendant une entrée dans quelque carrière.

On m'avait souvent parlé de ces aimables gens, qui touchaient leurs appointements régulièrement, comme les autres employés ; mais qui savaient s'affranchir de la discipline, et échappaient à la catégorie du rond-de-cuir. De ceux-là, je redoutais la critique.

Comme il y avait parmi eux deux ou trois méridionaux qui se croyaient grâce à leur origine déjà sûrs de leur avenir glorieux, un Parisien pince-sans-rire dit doucement :

— Cet animal de Danton, il n'était donc pas du Midi !

Le petit L..., petit, mince, à la mine de furet, qui était venu à la suite de M. Fallières, répondit agressif :

— *Il est de la Dordogne*, et enfin il y a *Midi* et *Midi !*

Il le montra bien plus tard, car, avec un esprit fin et délié, après s'être inscrit au barreau et plaidant pour commencer les plus petites causes, il prit une véritable place au palais et maître L..., si petit qu'il fût dans cette robe d'avocat, se haussa jusqu'à l'oreille des juges.

Plus tard, il fut nommé député dans la circonscription où il était né.

Mais il avait un autre ressort que

Danton ; orphelin de bonne heure, et sans fortune, il avait été habitué à la lutte et à la dépendance. Souple avec ses supérieurs, très malléable dans le commerce habituel de la vie, hautain devant les inférieurs, il savait jouer la comédie qui trompe les hommes, mais qui les séduit.

Il se montra cruel, me dit-on, pour mon mari, et sa faconde ne s'arrêta même pas à mon égard...

Il prétendait que j'avais avant tout voulu être préfète et que toutes les maladresses commises venaient de moi.

On ne sait comment il cita la maladresse de mon cocher, et toutes les scènes de désordre de la soirée furent

mises sur le compte de cet incident.
Tout cela me fut rapporté par un de
ceux qui, dans ce bureau, brillaient
le moins par l'esprit ; mais un patient
laborieux ayant dans les veines du
sang d'Auvergnat, dont on ne devine
pas la finesse et le savoir-faire. Au-
jourd'hui, il a une situation des plus
importantes, et si les hommes
changent de situation, la situation
change les hommes !

Nous étions rentrés à Paris, sans
avoir des projets bien certains ; nous
nous demandions si ce ne serait pas
là définitivement que nous devrions
porter nos espérances. Il pouvait se
présenter qu'un siège fût vacant à un
moment donné, et nous pensions que

l'administration qui donne à tout candidat échoué une compensation pourrait nous servir à Paris où les réunions sont si souvent dirigées par son initiative.

Il y avait à cette époque même un jeune homme intelligent qui entra plus tard au ministère et est maintenant un important rond-de-cuir, qui remplissait la tâche d'assesseur dans les bureaux. Celui-là eût pu nous servir. Malheureusement Danton s'éloignait des besogneux. Manquait-il de cœur pour rendre un service ? ou la misère lui causait-elle un chagrin ? Jamais avec moi, pas plus qu'avec d'autres, il n'a analysé ses sentiments, divulgué sa mentalité.

Sa nature était bien par sa sécheresse celle de l'ambitieux prêt à sacrifier tout à sa personnalité.

Ma mère, que nous voyions très peu parce qu'elle allait de Paris à Nice et de Nice à son château dans le Pas-de-Calais, nous reçut très froidement. L'histoire du mannequin l'avait scandalisée.

Le titre de préfet avait encore un grand prestige pour elle, et elle ne pouvait admettre que des gens quelconques aient pu bafouer celui qui le portait.

Danton, sur ses observations, eut un mot drôle :

—Autrefois, peut-être, mais depuis que l'on n'expédie plus de langoustes

aux préfets, on leur manque de respect.

Elle le regarda, saisissant aussitôt
son ironie, et se levant majestueuse
elle nous indiqua que notre visite
avait assez duré.

Quant à moi, étant absolument
ignorante des anecdotes du temps
de l'Empire, je me trouvai interdite
de la façon dont ma mère nous con-
gédiait.

Lorsque nous fûmes en voiture,
mon mari éclata d'un rire fou.

— Ah! dit-il, je l'ai clouée, cette
Bonapartarde.

Et il me raconta l'histoire des langoustes.

C'était la première fois depuis mon

mariage que Danton touchait à un
sujet du genre galant ; il le fit gaiement, ayant, ce soir-là, quelque plaisir à m'initier aux choses de la vie.

Nous allâmes dîner aux Champs-
Elysées chez Leblond ; j'y avais une
seule fois déjeuné, un jour de ver-
nissage au salon, et je n'y avais vu
ni compris le monde tel que je le voyais
ce soir-là. Des directeurs de grands
journaux, des journalistes à la plume
alerte, des hommes politiques, diplo-
mates et autres, acteurs, chanteuses,
femmes du monde et courtisanes
cotées passaient, s'installant gaiement comme pour faire la fête, les
toilettes se ressemblaient dans leur
légèreté d'été, les cous nus se mon-

traient jusqu'au creux de la poitrine,
les yeux se voilaient de tendresse, et
les éclats de rire d'où qu'ils partissent
avaient tous la même nervosité ; elles
portaient une cuillerée de glace à
leurs lèvres avec la même sensualité
et les mêmes mines de chattes. Je ne
sais ce qui se passa en moi, mais je
rougissais devant Danton qui man-
geait avec appétit, ne faisant aucune
attention à toutes ces femmes, tandis
que les hommes qui étaient avec elles
me regardaient avec une curiosité
déplacée.

On questionna le maître d'hôtel
qui ne nous connaissait pas, mais je
l'entendis qui dit :

— C'est un mariage bourgeois.

Nous étions à l'entremets, lorsqu'un des hommes les plus estimés du parti arriva à nous, avec sa belle prestance, et sa politesse parfaite.

Et, malgré son sérieux, il ne pouvait s'empêcher de sourire en me demandant la permission de dîner à côté de nous.

— Voyons, dit-il, que s'est-il donc passé? On a exagéré, brodé, n'est-ce pas?

— Non, du tout, c'est l'exacte vérité, répondit Danton.

— Eh bien! mon ami, je vous félicite, je vous trouve dans un état parfait. Dédain, tranquillité! Vous êtes très fort! très fort!

Une voix de femme dit :

— Tiens, c'est mon ami S...

— Ton ami?

— Sans doute !

— Tu te mouches dans les mouchoirs des ministres, toi.

Elle dit tout bas quelque chose qui provoqua un fou rire.

Qui donc parlait ainsi? La femme que je vis se hausser au-dessus de l'épaule de l'homme qui l'avait interpellée. Le visage maquillé, le buste *long*, *long* incliné, elle regardait avec des yeux insolents. La bouche crispée, S... ne bougeait pas; mais il était assurément mal à l'aise. Elle eut le bon sens de ne pas continuer, elle dit :

— C'est des provinciaux !

— Oh! riposta un des hommes, une provinciale, cette femme, tu te fiches de nous, elle est tout ce qu'il y a de select.

— Allons, taisons-nous, à la fin, c'est absolument inconvenant, tout cela! dit quelqu'un.

Il faut croire que mon visage avait une expression peureuse, car S... me demanda :

— Vous êtes encore sous l'impression de ces scènes ridicules?

— Non, du tout, dis-je.

Et très sincèrement je lui déclarai que le mauvais ton, la curiosité et les propos de la table voisine m'avaient horriblement gênée, à cause de lui surtout.

Il sourit en bon enfant, et me répondit :

— Je vous demande pardon, chère madame ; hélas, dans la vie, on ne côtoie pas toujours les lacs où sont les cygnes, et l'imprévu nous met parfois, quand on en souffre le plus, en face des oiseaux de nuit.

Danton, toujours préoccupé de lui et des événements qui se pouvaient produire, ne songeait qu'au profit qu'il pouvait tirer de la conversation de S... et n'avait absolument rien vu de ce qui s'était passé.

Aussi, avec son air étonné il fit rire la grande V... de la B...

— Eh bien, dit-elle, le mari, tou-

tefois, m'a l'air d'arriver de Lan-
derneau.

La courtisane voyait dans cet
homme chaste, dégagé de tout ce
fluide malsain, un être primitif, bon
à tomber peut-être, car un sourire
mauvais passa sur ses lèvres rele-
vées de kohl.

Cependant, Danton n'était ver-
tueux que par habitude. La vertu
n'étant, comme l'a dit saint Augustin,
qu'une longue habitude à contracter,
Danton n'avait pas le temps de
s'amuser. Comme tout jeune homme
ayant passé au quartier Latin trois
ans comme étudiant, il n'ignorait
rien de la vie, et n'avait pas assez
d'illusions pour subir les influences

d'une femme si habile qu'elle fût.

D'autre part, un orgueil sans pareil l'eût toujours retenu. La grande V..., qui, avant la fin de la soirée, savait qui nous étions, eut beau poser devant lui pour le troubler, il n'eut même pas, je le crois, le moindre désir d'occuper sa pensée.

Courtois et charmant, S... nous accompagna jusqu'au rond-point des Champs-Elysées ; nous avions renvoyé notre voiture en entrant au restaurant, et après avoir quitté S... nous prîmes un fiacre pour rentrer chez nous.

— Eh bien, Jeanne, êtes-vous contente de votre soirée ? me demanda Danton.

Je ne pouvais pas sincèrement répondre oui; car, j'avais éprouvé une gêne et une colère dans la promiscuité de ce monde, qui blessait ma pudeur, blessait mes oreilles par le ton de sa conversation; mais, je ne voulais pas répondre franchement non, ma curiosité de novice ayant été éveillée par ces quelques heures de cette vie brutale dans son élégance même.

Alors, si je montrais à mon mari le dégoût que ce milieu m'avait inspiré, il ne m'y eût plus jamais conduite, et instinctivement je sentais que, là, je trouverais un enseignement contre les dangers que je craignais vaguement, sans même en soupçonner la nature.

Le fait d'avoir vu un homme comme S... visiblement resté accroché dans cet engrenage me faisait voir juste.

— C'est gai, répondis-je, mais je n'aurais pas cru qu'un homme comme S... y fût un client, et même un habitué.

— S... est célibataire et un célibataire endurci, il ne se compromet pas pour cela. Moi, c'est autre chose, j'y peux passer une soirée avec vous, un jour à l'occasion, y déjeuner dans le jardin, une autre fois, avec des amis; mais, on ne m'y verra jamais fréquenter. C'est offenser sa femme et manquer à son devoir.

Cette déclaration, faite sans y
être invité par mon attitude ou par
quelque mot, me sembla d'une hon-
nêteté à toute épreuve.

Je lui tendis la main.

— Point n'est besoin de m'assurer de la confiance que je dois
avoir en vous, ma foi ne saurait être
ébranlée.

— Merci, je pourrai vous causer
des ennuis ou même des chagrins,
mais ils ne viendront jamais de ce
côté-là.

Et, changeant de ton :

— Quel charmant homme et quel
ami que S... Il vous aime beaucoup,
il me l'a dit un jour.

— J'en suis ravie !

Mon intonation de voix était un peu railleuse.

Il me regarda bien en face :

— Que croyez-vous donc?

— Rien, oh! rien, mon ami.

— S... est au-dessus de tout, et je suis fier pour vous du sentiment que vous avez su lui inspirer.

Je ne fis pas allusion à la grande V... de la B... Mais il ne se trompa point sur la tristesse de mes réflexions.

La fin de l'été se passa pour nous comme des vacances. Cependant, Danton gravitait autour des gens qui quittent Paris peu et souvent.

Ceux-ci, le pied chaussé de bottes jaunes sur une plage la veille, se

promènent le lendemain sur le bou-
levard. Ceux-là, flânant hier sous de
frais ombrages dans quelque coin de
province, se retrouvent le lendemain
devant leur bureau.

Danton, pendant l'accalmie des
affaires, avait plus de facilité à s'en-
tretenir longuement avec les séna-
teurs et les députés.

Il en vit beaucoup, avant la rentrée, et tous cherchaient à lui indi-
quer le siège à surveiller.

Ici, c'était un octogénaire prêt à
partir pour l'autre monde; là, c'était
l'expiration d'un mandat.

CINQUIÈME CAHIER

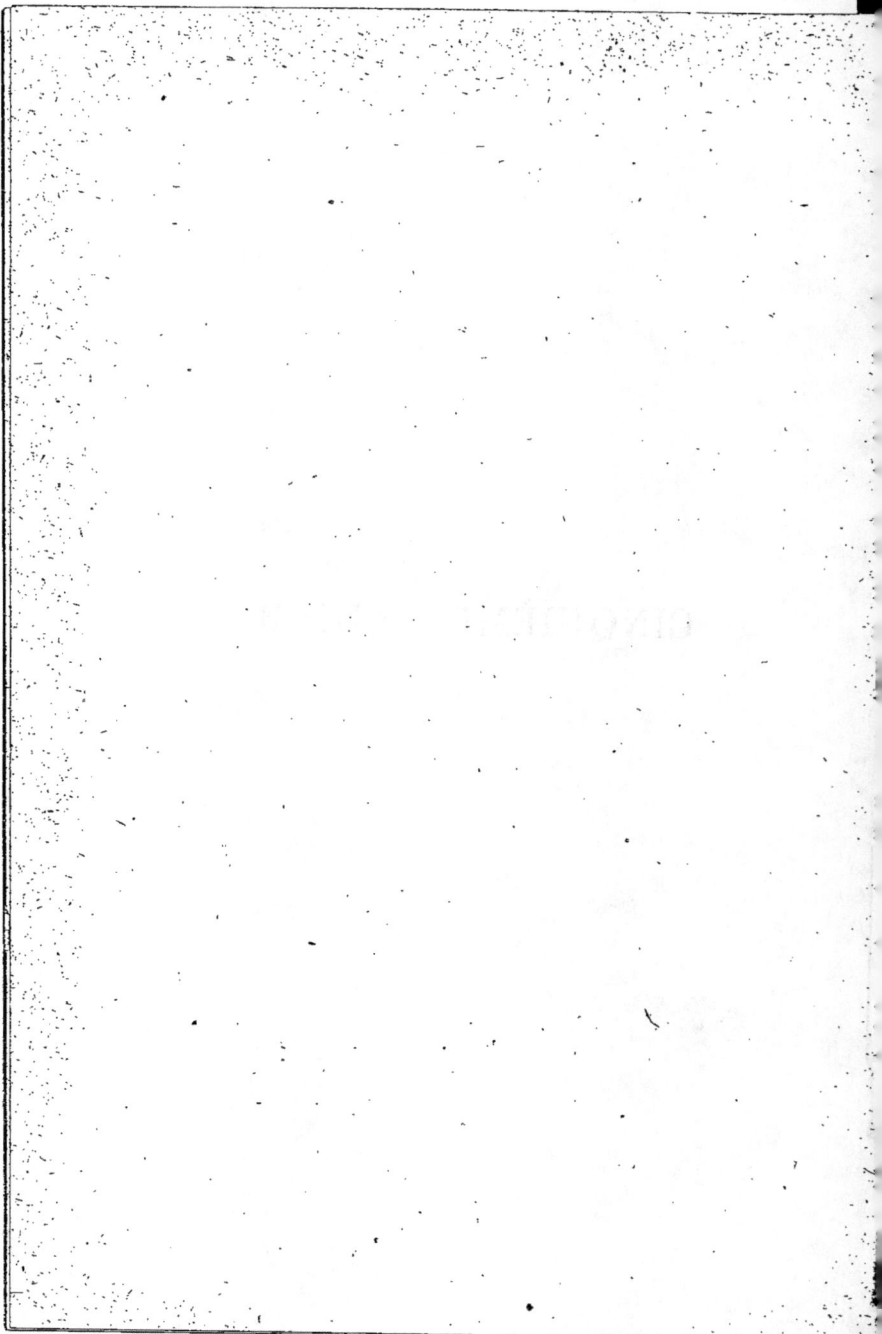

CINQUIÈME CAHIER

La rentrée au Palais-Bourbon avait pour moi beaucoup d'attrait.

On voyait l'installation des nouveaux députés et dans les tribunes de bonnes têtes de leur famille se pencher pour les reconnaître dans l'hémicycle. Mais les deux premières séances restaient sans intérêt. C'est quand les journaux annoncent qu'un des forts parlera que nous

autres Parisiennes nous traversons
le pont de la Concorde.

Je me rappelais avoir entendu
une année précédente le leader de
la gauche, M. Clémenceau, l'homme
puissant qui, comme Warwick faisait les rois, faisait et défaisait les
ministres.

Il se promenait les mains dans
ses poches , flegmatique à la façon
anglaise. Le crâne solide, l'œil rond
encavé, le nez légèrement kalmouk,
il eut pour Jules Ferry un cri éloquent :

— Nous ne vous connaissons
plus !

Ce cri de mort donna un frémis-
sement à toute la salle, il me sembla

à moi qui connais le Marais de la
Vendée avoir entendu le cri de ces
grands oiseaux de nuit qui vont
s'abattre sur les corps des naufragés
au bord de l'Océan.

M. Clémenceau est de ce pays de
chouans que ses ancêtres combat-
taient, il est de la race des bleus ;
mais bleus ou blancs, les Vendéens
sont des autoritaires impitoyables
et des obstinés !

Danton se montrait admirateur
de ce talent vigoureux, souple, va-
rié ! Clémenceau avait son journal,
la *Justice*, où Stéphen Pichon, gou-
verneur de la Tunisie à cette heure,
était rédacteur régulier, et plusieurs
fois, à la *Justice*, il s'était rencontré

avec le député; mais Danton se disait
glacé devant le leader. Sa timidité
me révélait une crainte, de sa faiblesse, une peur d'infériorité.

Il ne voulait pas s'exposer au jugement de cet impitoyable qui, d'un
mot net, coupant, insolent, flagellait
à droite et à gauche.

Un général arrivant de Tunisie
après des divergences d'opinion
avec le gouvernement parut apporter dans Paris, avec son charme
d'homme blond, quelque prestige
nouveau à la République. Le Président de la Chambre à cette époque,
M. Floquet, se montra plutôt hostile
à M. Cambon.

Certains journaux prirent la défense du général et l'on vit à un grand bal de la Présidence la femme d'un directeur, couverte de diamants comme il convient à une fille de Gobseck, danser avec le beau général.

J'étais à ce bal. Mme Floquet, avec toutes les grâces de son aristocratie démocratique, faisait les honneurs de ses salons et j'eus de sa part un accueil qui me fit songer à sa protection. Elle dit à Danton qu'elle connaissait depuis longtemps : Le Président vous rappellera-t-il à l'ordre bientôt ?

Nous sortîmes de ce bal avec une espérance.

La belle Mme M..., dont le mari

9

plus tard sombra avec un passif important, était une femme d'une savoureuse maturité. Trente-huit ans, encore svelte, malgré ses formes accusées, elle rayonnait d'une joie orgueilleuse sous l'éblouissement de sa parure, et lorsqu'elle monta en voiture en même temps que nous, son coupé avançant devant le nôtre, je la vis embrasser son mari comme une petite fille joyeuse et reconnaissante.

L'année se passa tranquille, mais l'impatience troublait notre vie qu'un véritable amour, hélas, n'emplissait pas.

Nous fûmes déçus plusieurs fois. Danton avait fait un voyage dans les Pyrénées-Orientales. Le jeune préfet, un ami du ministère, qui était précisément un protégé de Floquet, l'avait prévenu qu'un siège se trouverait libre, le député voulant se retirer. Mais au dernier moment, sur les sollicitations de ses électeurs, il se décida à garder son mandat.

Nous allions dans le monde, et Danton prenait la revanche de ses échecs en étalant volontiers notre fortune. A l'extérieur, il se montrait satisfait, mais chez nous il était morose et irrité. J'aurais voulu qu'il ne lût pas les journaux.

Il était pour les discours ce qu'était Sarcey pour la scène à faire, et je me voyais obligée de subir tous ceux qu'il élaborait, les opposant à ceux qu'il lisait.

Avec une grande patience, je l'écoutais, et je le suppliais ensuite de se reposer, de ne pas se dépenser inutilement.

Mais lui, loquace et frondeur, me disait en se frappant le front :

— Si vous saviez ce que j'ai là !

Mon cousin nous venait voir de temps en temps, et traitait aussi sérieusement que possible notre situation de candidat perpétuel, mais au fond il se moquait un peu de nous, surtout de mon association dévouée à cette candidature.

Mais, tout ce qu'il nous disait était si spirituel que nous ne voulions ni l'un ni l'autre en prendre ombrage.

Tout à coup, un vent de discorde passa sur tous les ministères, le général fut traité en conspirateur et l'on assista à son départ pour Clermont-Ferrand. Alors, parmi ses premiers amis et ses admirateurs, il y eut toutes les défaillances et toutes les trahisons.

Tout un parti se forma, libéral en opposition au gouvernement, et celui-ci songeait à réprimer l'élan. Je ne peux écrire cette histoire ; mais je signale seulement l'état des choses afin d'expliquer les pérégrinations par lesquelles nous dûmes passer.

On voulait des préfets à poigne et surtout des préfets ayant des ressources personnelles.

On pressentit Danton ; mais notre aventure était connue et je sentais que précédant notre arrivée les chroniques des journaux nous feraient une entrée ridicule.

Nous résistâmes ; c'était dans l'Est, deux, trois préfets y furent envoyés mais n'y purent rester ; on savait au bout de quelques jours qu'ils étaient sans fortune, incapables de donner des fêtes. Ce qui avait mis le comble à la désapprobation publique, c'est qu'une préfète avait acheté elle-même une botte d'asperges au marché.

Dans cette ville industrielle, un
journal fondé d'abord par quelques
fabricants avait pris un grand dé-
veloppement, et maintenant était
devenu un organe important du so-
cialisme. Albert Pétrot et d'autres
plus célèbres y avaient envoyé
comme rédacteur en chef un gros
garçon d'une finesse sournoise dont
l'esprit naturel s'était aiguisé chez
un véritable homme de lettres, dont
il avait été secrétaire.

Il était pauvre, et sa femme, une
demoiselle de magasin, n'ayant rien
apporté à la communauté, ses débuts
furent fort difficiles. Le journal de
la ville existant depuis de longues
années appartenait au député,

l'homme riche, puissant, dont la situation politique était établie par tradition de père en fils.

Après beaucoup d'hésitations, nous acceptâmes enfin cette préfecture.

Le journal socialiste, ainsi qu'il nous avait été promis, ne donna pas un mot de l'élection de F....

Je m'en étonnais, mais le rédacteur en chef du journal de la ville me dit :

— Soyez tranquille, jamais cet homme mari *de cette dame* ne sera un homme d'attaque. Il est prudent.

Oh ! quelle ville sans charme, sans agréments de pittoresque ! La préfecture située dans un vilain quartier, à l'aspect sombre, et je ne retrouvai pas à l'intérieur l'installation de l'autre.

Je devais à mon sens vivre là campée, et me promettais la distance n'étant que de cent cinquante kilomètres, d'aller souvent à Paris.

J'étais allée au théâtre où j'avais vu les grandes élégantes de la ville; ces dames eurent l'air de me remarquer comme une simple étrangère au pays, malgré que j'occupasse la loge préfectorale.

Danton n'arriva qu'au deuxième acte, je l'avais désiré ainsi, afin que notre entrée n'ait point un caractère cérémonial.

Le secrétaire général accompa-

gnait le préfet, et il me désigna une
loge où se trouvait le rédacteur du
journal socialiste, et sa femme. Le
front découvert, des yeux bruns
dans un visage d'une expression
triste, il semblait que sa tête n'ap-
partînt pas à son corps monstrueux ;
le cou à trois étages s'affalait sur sa
poitrine, laquelle était envahie par
un ventre débordant.

A côté de lui, sa femme, plutôt
maigre, savamment maquillée, au visage étroit, aux yeux mal taillés, le
nez et la bouche sensuels, jouait de
l'éventail. Habillée de satin bouton
d'or, modestement décolletée, elle ne
manquait pas de correction et de ca-
chet, cette ancienne demoiselle man-

nequin, et je la vis se pencher discrètement vers son mari, pour lui
confier sans doute ses impressions
sur ma toilette. Il eut un hochement
de tête approbatif et presque respectueux pour l'opinion d'une personne
compétente.

Nous pûmes nous convaincre que
nous ne trouverions pas pour notre
compte personnel d'hostilité dans ce
ménage révolutionnaire.

Mes visites indiquées par le secrétaire général faites, nous prîmes le
train pour Paris.

Quel ne fut pas notre étonnement
lorsque des amis nous assurèrent
que le journal socialiste nous avait
attrapés !

— Quand donc?

— Mais dans son avant-dernier numéro.

En effet, on mit sous nos yeux un exemplaire de quinze jours dans lequel il était dit que le préfet ne serait jamais à la hauteur de la situation qu'il occupait dans une ville de progrès, et dont la richesse industrielle devait imposer à l'administration de grands devoirs et le respect. D'ailleurs, dans le pays arriéré dont il venait, n'avait-il pas été enterré, ce préfet de carton ! Quant à la préfète, hautaine, ce n'était pas d'elle non plus que l'on devait attendre des actes de charité et de dévouement pour une population souvent éprouvée, dans une cité ouvrière comme la nôtre.

Mais nous avions fait venir les mêmes numéros et l'édition de la ville ne contenait rien de cela.

Le sournois rédacteur avait fait un tirage supplémentaire pour Paris où il introduisait cette tartine.

Dès lors, nous fûmes fixés sur le caractère de ce gros bonhomme.

Le rédacteur de notre journal officiel, en notre absence, répondit dans un filet quelques mots très intelligibles pour la femme et le mari, mais que tous les lecteurs ne durent pas comprendre. Il se réservait pour de nouvelles attaques.

L'hiver vint, et contre les prévisions de l'organe socialiste je remplis efficacement le rôle de charité dont il m'avait exclue.

J'eus même la bonne pensée de fonder un atelier de jeunes filles, travaillant à tous les ouvrages manuels et d'agrément, et d'en faire une vente dans des conditions très avantageuses, car je n'avais pas craint de redoubler mes visites et de donner des soirées à tout ce monde industriel très riche.

Ces fréquentes relations créèrent une certaine intimité entre les dames de la ville et moi; naturellement des sympathies vinrent à nous et nous n'arrivions jamais en un lieu public, sans y provoquer les marques de la plus haute déférence.

C'en était trop, pour ne pas troubler d'envie et de colère la dame socialiste qui vivait dans l'isolement.

Si je parle longuement de ces faits sans action politique, c'est qu'ils ont produit un effet à leur heure.

En lisant des romans de Balzac, on trouve la genèse de beaucoup de ces existences sortant de l'obscurité avec une lente et méthodique volonté. Cette femme assez silencieuse, ne se dépensant pas comme d'autres dans le commerce extérieur de la vie, restant seule à son premier étage, avait le temps de rêver et de concevoir. Un Anglais, dessinateur d'industrie, avait par un procédé chi-

mique trouvé une invention, qu'il
ne pouvait exploiter faute d'argent.

Mme X..., que j'appellerai désormais Elisy, car s'appelant Elisa, elle
avait changé la terminaison, lui pro-
mit, comme on dit vulgairement,
plus de beurre que de pain, et, lorsqu'elle fut en possession du procédé, elle trouva des commandi-
taires pour monter l'usine à dix
lieues de notre chef-lieu.

Lui, paraissait se désintéresser de
cela comme d'un essai, d'un caprice
de femme et rien de cette affaire ne
se passait dans les bureaux du journal.

Le bruit nous arriva qu'à l'usine
de X... huit cents ouvriers trou-

vaient du travail. Mme Elisy allait
sans cesse de l'une à l'autre ville,
toujours en grande toilette, et toujours accompagnée d'une bonne que
l'on disait être sa cousine.

Le général B... était revenu de
Clermont et un grand mouvement
s'accentuait en sa faveur en opposition au gouvernement.

Nous voyions l'effervescence de la
jeunesse, et nous sentions qu'il serait impossible de lutter.

Au premier acte d'autorité que le
préfet dut accomplir, les trois quarts
de la population furent contre nous.
On passait sur la place en criant :
Vive Boulanger ! et on chantait :
En revenant de la Revue ! Quel-

quefois : A bas Constans ! Mais
bientôt les manifestations devinrent
personnellement agressives.

Danton commençait à sentir les
atteintes d'une maladie de foie.

Il souffrait beaucoup par instants,
et ne voulait prendre aucune nourri-
ture.

Son médecin de Paris lui prescri-
vit un repos absolu ; mais ce repos,
il lui était impossible de l'avoir à la
préfecture.

Le secrétaire général pouvait naturellement expédier toutes les affaires, pour celles-ci, il était d'une
haute capacité et d'une sagesse pré-
cieuse, connaissant le pays depuis
dix ans, et pour nous d'un dévoû-

ment très sincère ; mais il s'agissait
de trouver une campagne proche
assez de la ville, pour que l'on ne
puisse pas dire que le préfet était
absent.

Les événements marchaient, les
œillets rouges triomphaient, et il
était certain que les élections auraient
un caractère décisif.

Le général avait porté sa candidature et son siège était assuré.

Le rédacteur socialiste, par un
imprévu auquel personne n'avait
songé, avait porté aussi la sienne.

Déjà les murs se couvraient de
protestations sur ce nom, car Bombac comme d'autres avait ses ennemis et ses détracteurs.

Le gros bonhomme se promenait
suant et soufflant sur le Mail, s'as-
seyant par instants, coiffant de ses
mains la pomme de sa canne.

Des gamins allaient à lui en
criant :

— Eh ! l'Anglais ! l'Anglais !

Et cela parce que l'Anglais au procédé avait disparu de la ville après
une explication violente sans que l'on
ait su ce qu'il était devenu.

Des chansons circulaient ; mais
Bombac ne bougeait pas, et
Mme Elisy continuait à régner.

SIXIÈME CAHIER

SIXIÈME CAHIER

Nous nous étions installés à trois lieues de la ville, dans une propriété assez agréable ; nous y reçûmes la visite du député dont j'ai parlé.

Froid, mais assurément sincère, nous fûmes touchés de sa simplicité. Il nous renseigna sur le caractère des principaux meneurs de cette campagne où tous les partis se coalisaient pour combattre la République. Certes il y avait des esprits chauvins qui se passionnaient pour le général à l'idée d'une revanche; mais même en ce moment, était-ce patriotique?

Ce député nous sembla celui que nous devions consulter dans nos moindres actions, il assura Danton de son concours, et par son journal, et par la parole, en cette période difficile.

Je voyais Danton dépérir, mais il se tenait courageux et rêvait encore à la gloire du député d'Arcis.

Un jour, après un spasme effroyable, j'envoyai à la ville chercher un médecin; le secrétaire général était arrivé, prévenu en même temps. Ce médecin ne me cacha pas la gravité de l'état de mon mari.

Je me trouvais bien seule, pour une douleur si intime. Je songeai à faire venir auprès de lui quelques-uns de ses amis et même mon cousin, pour mettre quelque gaieté autour de lui, un dérivatif à ses regrets, car je sentais bien quel était le mal qui le frappait.

Les jours s'écoulaient tous dans la souffrance; le foie ne sécrétant plus toute cette bile qui résultait de l'amertume de sa vie, le cœur, à son tour, fut atteint. L'oppression le gagnait à la moindre fatigue et les jambes enflèrent : les yeux vifs s'éteignaient, le jeu de physionomie s'immobilisait et, les épaules arron-

dies et abaissées, une petite toux
sèche le remuait, soulevant sa poitrine; il me faisait pitié. Toute l'affection que j'aurais dû avoir pour lui
monta comme un remords à mon
cœur; je sentais combien il était
triste à un homme de trente-deux
ans de se voir mourir, sans avoir
joui de la vie ét réalisé ses rêves. Je
me dis que si ma tendresse pouvait
le détacher de ce qui l'avait tant
attristé, réchauffer sa vie, je le devais! Devina-t-il ma pensée? Les
condamnés à mort ont une prescience
qui les éclaire parfois. Quelque chose
m'avertissait de cela et nous fûmes
plus unis en ces derniers temps que
nous ne l'avions été. Pauvre Danton,

il mourait de n'avoir pu vivre.

Mon cousin, en le voyant, ne se trompa point, il eut le courage de le vouloir tromper ; lui, il ne demandait, hélas, qu'à s'illusionner, mais sa souffrance physique était arrivée à un anéantissement, à une faiblesse navrante pour ceux qui le connurent robuste et d'une activité dévorante.

Deux jours après les élections, lorsque nous avions appris que le gros socialiste avait gagné son siège, Danton me demanda :

— Quelle date sommes-nous ? quel jour sommes-nous ? quelle heure est-il ?

Ces questions me paraissaient extraordinaires.

Il me demanda ce qu'il faut pour écrire.

— Laisse-moi, dit-il affectueusement en me donnant la main.

Je dis à mon cousin combien j'étais impressionnée de son état. Après avoir rassuré Danton, il essaya de me rassurer moi-même.

On avait télégraphié à notre médecin de Paris, et nous le vîmes arriver à onze heures du soir.

Je n'osais solliciter de lui la vérité, mais je lui montrai mon inquiétude. Depuis le matin, il me semblait que Danton était déjà sorti de cette vie. Mon mari reposait et je croyais ne pas devoir le réveiller ; le médecin fut de mon avis.

Nous causâmes donc, et mon cousin qui, en mon absence de quelques
minutes, avait eu le temps de savoir
au juste le pronostic du docteur, me
dit avec un semblant de légèreté :

— Il ne faut pas que le préfet
s'avise de mourir ici ; et les honneurs,
donc !

— Peux-tu plaisanter ainsi, dis-je ?
Alors mon cousin changea de ton.

— Il n'y a pas de plaisanterie,
répliqua-t-il ; admets que dans un
délai, n'importe lequel, ton mari
meure, as-tu songé à ce que tu ferais
si tu étais ici ?

— Non, eh, non... Eh bien, après
un service, je l'emporterais à Paris.

— Eh bien, non, me dit-il d'un

ton haut et ferme, ce garçon a assez lutté pour que nous ne l'enterrions pas clandestinement comme le premier venu.

D'ailleurs, le ministère donnera sans nul doute des ordres, et si cette bande à Bombac bouge, on verra !

A cette minute, je vis que la mort était là. Je sentis alors que ce que, dans des rêveries au chevet du malade, j'avais à peine entrevu, simple en son effroyable réalité, m'apparraissait alors entouré de terreurs et de violences révolutionnaires.

Danton avait ouvert les yeux.

— Tiens, c'est vous, docteur ; quelle heure est-il donc?

Sans lui répondre, le médecin prit sa main et monta son doigt jusqu'à moitié de son bras, il souleva ses paupières, écouta son cœur, et le laissant, dit :

— Ça va bien !

Puis il griffonna une ordonnance.

— Vous lui ferez prendre ce petit lavement purgatif.

Et lui tapotant les mains dans les siennes :

— Avez-vous envie de quelque chose ?

— Non, oh ! non.

— Un peu de café glacé, c'est bon, cela !

— Oui, si vous voulez.

— Il a toujours été un homme

sobre, dit en essayant de rire le médecin.

Danton fit oui de la tête en me
cherchant du regard, comme s'il
voulait mon témoignage.

— Assurément plus que tous ses
amis, répliquai-je.

— Quand reviendrez-vous nous
voir, docteur? demandai-je.

— Je ne viendrais que si vous
m'appeliez, dit-il le plus naturellement du monde.

Sur le palier de l'escalier, je sai-
sis la manche de son pardessus.

— C'est la fin, n'est-ce pas?

Il me regarda et sans doute vit
que j'étais de force à supporter le
coup.

— Oui ; ne manquez pas de lui administrer le remède, c'est le seul soulagement que je puisse lui apporter.

Danton n'ayant plus besoin de tendresse et de soins, je me sentis la femme que j'avais été, son associée dans l'ambition et l'ennemie de ses adversaires.

Tout ce que mon cousin venait de me dire pour les obsèques ne me sembla plus une terreur, non ! ce serait au moins du bruit autour de lui et de son nom. Il en resterait quelque chose sinon dans l'histoire, au moins dans les chroniques des journaux, lesquelles se lisent dans le monde entier.

Désormais, j'avais une tâche et mon rôle de veuve ne manquait pas de grandeur.

Mon cousin me demanda si le docteur m'avait fait connaître l'imminence du danger.

— Oui, lui répondis-je, les yeux secs, nous le ferons transporter à la préfecture.

Nous rentrâmes dans la chambre du malade. Je lui parlai, mais il ne parut pas me reconnaître et il parla, parla, la langue assez embarrassée. De temps en temps, il se soulevait sur ses oreillers.

Des phrases, entrecoupées d'un souffle haletant, sortaient violentes de sa bouche contorsionnée. Ses

yeux hagards semblaient s'adresser
à des auditeurs lui faisant face.

Nous comprîmes que dans le dé-
lire le malheureux Danton prononçait un discours.

Les gestes, qu'il n'avait plus la
force de faire, il les esquissait presque sur son lit.

La fin de cette nuit fut cruelle et
la journée qui suivit, qui était ra-
dieuse pourtant, aussi triste.

Ses forces diminuaient, et c'est à
peine si, en ouvrant les yeux, il ac-
ceptait une gorgée de lait ou de café.

J'avais écrit à Paris pour des
fonds. Je chargeai quelqu'un d'a-
mortir une valeur de vingt-cinq
mille francs.

Le chèque sur le Crédit Lyonnais m'arriva aussitôt.

Le soir, j'aperçus un papier plié sur la cheminée et je l'ouvris. C'était, sinon un testament, une communication de ses dernières volontés.

« Je suis, disait-il, frappé à mort. J'avais pourtant devant moi toute une existence que je vouais à la République. Je demande à mes amis qui, eux, savent de quoi j'étais capable, et par intelligence et par dévouement, de me rester fidèles, de défendre ma mémoire.

« Je laisse à ma bien-aimée femme, dont la participation à mes idées et le dévouement m'assurent la réalisation de mes désirs, le soin de toutes

choses. Sa haute intelligence et sa
générosité m'étaient connues, je la
remercie ici de la tâche que je lui
impose. »

On eût dit vraiment que ces lignes
exprimaient le désir des grandes
choses que je voulais exécuter pour
sa gloire posthume.

Il mourut le lendemain à quatre
heures du matin.

A le voir immobile et glacé, je le
trouvai presque heureux d'être entré
dans ce repos suprême.

Ma mère arriva, elle avait une
grande facilité pour remplir les rôles
touchants dans les circonstances
dramatiques. Elle aimait tenir le re-
cord de la majesté. Je ne la mis

pas au courant de mes intentions, car elle n'était pas de nature généreuse et se serait répandue en observations et en reproches que je n'aurais pu entendre sans révolte.

Le secrétaire général, mandé par dépêche, arriva à son tour muni des ordres qui lui avaient été adressés.

Ils se trouvaient être en rapport avec nos projets.

Il fut convenu que le lendemain soir le corps serait transporté et dirigé vers la préfecture.

Le député vint de sa propriété assez voisine nous rendre visite, son journal devait annoncer la mort de Danton.

Alors je lui fis part des intentions que j'attribuai au défunt de donner mille francs aux pauvres de la ville, deux mille francs aux comités du travail, mille francs pour le lauréat de l'école primaire qui gagnerait une bourse au lycée, mille francs à l'orphelinat.

Il fut troublé et ravi en même temps :

— Votre mari, me dit-il, était un grand cœur.

De même que cet homme supérieur crut au don personnel de Danton, toute la ville devait y croire. Bien peu de personnes auraient pu s'imaginer que volontairement une jeune femme fît ce sacrifice pour un mort qui serait remplacé. probablement dans un an...

Le surlendemain, à neuf heures du matin, les autorités constituées, la musique et toutes les sociétés arrivaient à la préfecture.

Le journal de la ville ayant publié l'article suivi des volontés de Danton, toute la population était en émoi et toutes les fenêtres des rues où devait passer le cortège pour se rendre à la gare étaient occupées par les curieux.

Si l'on se survivait, au moins Danton aurait eu une joie, car ce convoi eut un caractère de simplicité digne, les bienfaits du défunt inspiraient le respect à tous ; je m'étais rendue à la gare, une heure à l'avance, afin de me soustraire à la curiosité. Ma mère, qui, comme je l'ai dit, aimait recevoir et faire acte d'autorité, resta à la préfecture, saluant les personnes qui m'apportaient leurs condoléances.

Le député, le secrétaire général, mon cousin conduisaient le deuil. Mon beau-père ne se trouverait qu'à Paris.

Le chef de gare m'avait fait entrer dans son cabinet particulier. Assise, anxieuse, j'attendais l'arrivée du cortège par les quais. Mon état d'âme en ce moment se ressentait de ma longue fatigue et de la faiblesse. Depuis plusieurs jours, surtout les derniers, je mangeais à peine.

Il est certain que je n'aurais pas
dû être seule, en un instant comme
celui-ci ; mais personne, pas même
ma mère, n'avait songé à cela.

Tout en étant parfaitement lucide,
les bruits m'arrivaient confusément,
comme dans un demi-sommeil ; alors
une houle s'éleva murmurante du
côté de la ville. Puis le silence, un
grand silence ! Ensuite des voix
graves, dont les mots qui semblaient
inachevés se brisant dans l'air me
parvenaient, m'indiquaient que l'on
prononçait un discours ! La curiosité me prenait, et cependant je ne
pouvais pas me présenter dans le
deuil. Le sous-chef de gare entra,
respectueux :

— Madame, en ce moment le corps
est déposé à l'entrée de la gare, et
monsieur le député, monsieur le secrétaire général, monsieur le maire
parleront l'un après l'autre ; il y en
a bien pour une heure avant que le
cortège composé pour le dépôt en
wagon soit ici. Désirez-vous quelqu'un auprès de vous ?

— Non, dis-je.

— Si vous entendez quelque bruit
et quelques cris violents, n'en soyez
pas épouvantée, toutes les mesures
sont prises pour assurer l'ordre de
manière à ne pas troubler le caractère vraiment digne des obsèques.

Mais à peine avait-il prononcé
ces paroles que des coups de sifflet

stridents arrivant de toutes parts in-
terrompirent les orateurs. Des cris,
des clameurs se répondaient et j'en-
tendais un bourdonnement de foule
qui répondait.

Tout à coup des décharges d'ar-
mes à feu retentirent rapides, suc-
cessives.

— Ne craignez rien, madame, me
répéta le fonctionnaire, qui, je le
voyais, n'osait me quitter ; mais qui
paraissait inquiet de ce qui se passait.

Je ne pouvais plus me dominer.

— Allons, dis-je, en lui prenant
le bras.

— Non, non, madame, répondit-
il en me résistant.

Et s'élançant vers la porte qu'il ferma, avant que j'en aie eu la moindre idée, je me vis enfermée.

Alors je craignis, pour les autres, le danger dont il voulait me sauver, j'eus peur, effroyablement peur.

Mais à peine m'étais-je affaissée sur le fauteuil en m'écriant : Mon Dieu, mon Dieu, que la porte s'ouvrait et que mon cousin arrivait à moi.

— C'est fini, dit-il en m'embrassant, les braillards sont coffrés ; maintenant, voyons, du courage !

Pendant qu'il était avec moi, ma mère se rendait avec une dizaine de personnes sur le quai.

On déposa le corps dans un wagon

et le commissaire de police apposa
ses scellés.

Alors, on vint me saluer et nous
accompagner au train que nous
allions prendre.

Je quittai cette ville, ne sachant
pas que j'aurais à Paris d'autres
luttes à soutenir.

Il y avait quatre ans que j'étais
mariée et, dans cette vie stérilisée par
l'ambition et les déceptions, je ne
trouvais pas un souvenir capable de
m'y rattacher un instant.

Je ne pouvais me tromper sur le
sentiment des derniers jours, non,
ce n'était pas de la tendresse, mais
une pitié faite de regrets.

Et les paupières baissées sous

mon long voile, je songeais que libre comme tant d'autres à vingt-trois ans, je pourrais recommencer ma vie : aimer, être aimée, connaître, éprouver ce sentiment dont les cœurs battent à l'unisson, les âmes rêvent purement en se donnant l'une à l'autre.

Mais une amertume même me vint de cette vision d'avenir.

Comment, avec la connaissance de la vie que j'avais, la sécheresse du passé vécu, pouvais-je avoir encore quelques illusions ? Puis ce que j'avais vu de l'amour ou de la galanterie un soir me dégoûtait.

Je pensais ainsi, lorsque je vis les beaux yeux bruns de mon cousin pénétrer en moi.

Avec sa perspicacité, sa finesse et le scepticisme de son esprit, il devinait bien mes sentiments.

— Ce n'est pas le moment de songer à l'avenir, Jeanne, il te faut beaucoup de repos d'abord, une existence souriante ensuite ; alors tu seras en état de te rétablir un petit château des fées.

Je ne sais pourquoi il me sembla que ce cousin devenait nécessaire à ma vie, que lui, verrait clairement mes aspirations, me guiderait, me conseillerait.

Ma mère qui buvait à petits coups un verre de malaga se détourna en disant :

— Ton cousin a raison, il te faut

beaucoup de prudence et de ré-
flexion avant de te remarier.

Le mot me choqua dans sa brutalité.

— Ah! dis-je, peut-il être question de cela lorsque mon pauvre
mari n'est pas encore enterré !

J'ai dit plus haut que j'aurais à
Paris d'autres luttes à soutenir.

Nous arrivâmes à Paris à quatre
heures et demie, et à six heures
chez nous.

Mon beau-père et mon beau-frère,
venus de Périgueux à une heure,
nous reçurent avec des sanglots.

Ce père qui avait mis tant de joies
et d'espérances glorieuses dans ce
fils, le voyant enlevé à son affection
et à ses grandes vues, me navrait

12

dans l'exubérance de sa douleur, et
comme s'il eût voulu retrouver en
moi son Danton adoré, il m'embras-
sait à m'étouffer, des larmes roulant
sur ses joues.

Mon petit beau-frère, pauvre
petit de dix-huit ans, frêle et mala-
dif, sa douleur faisait mal à voir;
entre ces deux hommes, mon calme
devait paraître une sécheresse. Je
leur prodiguai autant qu'il était dans
ma nature des consolations, fondant,
croyaient-ils, mon chagrin dans le
leur.

— Mon Dieu, mon Dieu, ma fille,
un homme comme le vôtre mourir
à la fleur de l'âge, quand vous l'avez
aimé à tel point de lui donner une

fortune, et vous voilà veuve sans avoir un enfant de lui. Quel malheur, mon Dieu !

— Mais pour cela, continua-t-il, vous voudrez bien rester ma fille, venir le voir là dans notre cimetière où il sera auprès de sa mère et où nous le retrouverons plus tard.

Ici, le pauvre bonhomme ne se doutait pas qu'il mettait une interrogation dans mes intentions.

J'avais songé tout d'abord à Paris, au Père-Lachaise, où mon père était dans un caveau ; et à cette douleur si naturelle, si violente, je comprenais que la sépulture de son fils devait lui appartenir. Mais je ne dis rien qui pût stimuler ses doléances. La fatigue me retenait encore ; ma mère se chargea du père et du fils, pendant qu'avec mon cousin, nous nous occupions des préparatifs du lendemain.

A huit heures, le grand ami S... se fit annoncer ; il me parla paternellement et après quelques instants me dit qu'il avait une communication à me faire.

Alors très solennel, il sortit de son portefeuille une feuille de papier timbré signée de Danton.

C'était un testament dans lequel il le nommait exécuteur de ses dernières volontés. Il voulait que ses obsèques fussent civiles et s'étendait

sur la volonté de faire publier en un
gros volume tous les discours qu'il
avait écrits, priant S... de traiter
avec un éditeur et de surveiller les
épreuves. Il voulait que tous les frais
que pourraient nécessiter toutes les
volontés qu'il exprimait fussent
payés par son père. A celui-ci il lé-
guait son bureau et ses livres d'étude,
à son frère, sa bibliothèque.

Il priait son père de me laisser la
maison de campagne où il avait
passé toutes ses vacances.

Je fus étonnée de ce testament, mais
S... me dit que mon mari lui avait
écrit en même temps, lui communi-
quant ses craintes au sujet des obsèques. Il pensait que je voudrais le

faire passer par l'église, et, en dehors même de ses convictions de libre penseur, il savait que j'aurais à me défendre avec le gouvernement, et il lui importait qu'il n'y eût point de bruit, et que je fusse tranquille, dégagée de responsabilité en rendant un étranger le seul maître de la situation. Ces dispositions m'étaient pénibles ; mais, comme il l'avait jugé, ma conscience de catholique et mon caractère de femme étaient à l'abri.

Je fis part à S... du désir du père d'emporter le cercueil à Périgueux.

— Il n'y faut pas songer, me répondit-il, du moins à présent. On fera à votre mari des obsèques patriotiques.

J'expliquai à mon beau-père que nous n'étions pas maîtres de cette dépouille, que l'on nous la disputait et l'enlevait pour la gloire de ce pauvre garçon.

— Pour sa gloire ! alors, il le faut ; mais plus tard je veux le reprendre, et là-bas aussi je lui ferai donner des honneurs.

Il était impossible, malgré la tristesse de la circonstance, de l'écouter sans sourire dire cela avec son accent gascon.

Comme pour mon père, un des salons avait été converti en chapelle ardente, et celui-là même où Danton reçut les invités servit également à remplir la même fonction. Mon cou-

sin, mon beau-père, mon beau-frère
et le grand ami S..., eurent à répondre
et à saluer au moins trois mille personnes, se succédant et se répandant
dans la rue, en attendant le départ.

Enfin le corbillard de première
classe, les chevaux caparaçonnés,
s'ébranla, le cortège se forma et les
douze voitures de deuil suivirent; le
coupé aux stores baissés, les lanternes
voilées de crêpe, avec les beaux trotteurs, marchait ensuite.

Le parcours de la rue du Trocadéro
au Père-Lachaise est d'une belle
longueur.

— C'est une grosse légume, disait le peuple.

Danton n'étant pas décoré, on ne

pouvait lui rendre les honneurs ; mais il n'en avait pas moins une compagnie d'infanterie à sa suite.

L'inhumation eut lieu dans notre caveau, après quatre discours. Je ne suis pas sûre que Danton n'eût pas eu à les retoucher ; le pauvre père, lui, les approuvait tous de la tête et pleurait abondamment.

— Hélas ! hélas ! il est mort ; mais je n'aurais jamais cru avoir la joie d'un tel enterrement, me disait-il, le soir.

— Vanité des vanités !

Que disaient les autres ?

Je ne voulais pas le savoir ! Cependant, j'appris que ceux qui l'avaient jalousé, discuté et blâmé, dirent :

— C'est égal, c'était un homme.

Je ferme ce cahier, n'ayant encore aucune opinion définie sur le mérite de Danton, car je crois fermement qu'en politique, les événements sont les instigateurs des hommes, et les portent aux grandes actions !

Une révolution a peut-être manqué à Danton...

FIN

EMILE COLIN, IMPRIMERIE DE LAGNY (S.-ET-M.)

Extrait du Catalogue de la Librairie
E. FLAMMARION, Éditeur, rue Racine, 26
PARIS

AUTEURS CÉLÈBRES

A 60 CENTIMES LE VOLUME

La collection des *Auteurs célèbres* à **60** centimes le volume a été créée en 1887. Son but est de mettre entre toutes les mains de bonnes éditions des meilleurs écrivains modernes et contemporains. Avec des caractères très lisibles, sous un format commode et digne de tenir une belle place dans toute bibliothèque, il paraît chaque semaine un volume qui constitue toujours un tout complet. Depuis la fondation de cette publication, plus de cinq millions d'exemplaires ont été répandus dans l'univers. Elle a exercé une influence incontestablement heureuse sur la diffusion du goût de la lecture dans toutes les classes de la société, en même temps qu'elle a propagé à l'étranger l'usage et l'action de la langue française. C'est là un beau résultat.

Voici la nomenclature complète des ouvrages composant à ce jour la collection des *Auteurs célèbres*, à laquelle collaborent toutes nos célébrités.

AICARD (JEAN).. .... Le Pavé d'Amour.
ALARCON (A. DE)......... Un Tricorne. (Trad. de l'espagnol.)
ALEXIS (PAUL)........... Les Femmes du père Lefèvre.
ARCIS (CH. D')........... La Correctionnelle pour rire.
      —   La Justice de paix amusante.
ARÈNE (PAUL)........... Le Canot des six Capitaines.
      —   Nouveaux Contes de Noël.
AUBANEL (HENRY)........ Historiettes.
AUBERT (CH.)........... La Belle Luciole.
      —   La Marieuse.
AURIOL (GEORGES) .... Contez-nous ça!
BEAUTIVET .... La Maîtresse de Mazarin.

BELOT (ADOLPHE)............ Deux Femmes.
        —   Hélène et Mathilde.
        —   Le Pigeon.
        —   Le Parricide.
        —   Dacolard et Lubin.
BELOT (A.) ET DAUDET (E.). La Vénus de Gordes.
BELOT (A.) ET DAUTIN (J.). Le Secret terrible.
BERTHET (ÉLIE)...........   Le Mûrier blanc.
BERTOL-GRAIVIL...........   Dans un Joli Monde ⎰ Les Jour
        —   Venge ou Meurs   ⎱ (Criminels)
BIART (LUCIEN)...........   Benito Vasquez.
BLASCO (EUSEBIO).........   Une Femme compromise. (Trad.
                              de l'espagnol.)
BOCCACE..................   Contes.
BONNET (ÉD.).............   La Revanche d'Orgon.
BONNETAIN (PAUL).........   Au Large.
        —   Marsouins et Mathurins.
BONSERGENT (A.)..........   Monsieur Thérèse.
BOSQUET (E.).............   Le Roman des Ouvrières.
BOUSSENARD (L.)..........   Aux Antipodes.
        —   10,000 ans dans un bloc de glace.
        —   Chasseurs canadiens.
BOUVIER (ALEXIS) ....   Colette.
        —   Le Mariage d'un Forçat.
        —   Les Petites Ouvrières.
        —   Mademoiselle Beau-Sourire.
        —   Les Pauvres.
        —   Les Petites Blanchisseuses.
BRÉTIGNY (P.)............   La Petite Gabi.
CAHU (THÉODORE)..........   Le Sénateur Ignace.
        —   Le Régiment où l'on s'amuse.
        —   Combat d'Amours.
CANIVET (CH.)............   La Ferme des Gohel.
CASANOVA (J.)............   Sous les Plombs.
CASSOT (C.)..............   La Vierge d'Irlande.
CAZOTTE (J.).............   Le Diable Amoureux.
CHAMPFLEURY.............   Le Violon de faïence.
CHAMPSAUR (F.)...........   Le Cœur.
Chanson de Roland (La).
CHATEAUBRIAND ....   Atala, René, Dernier Abencérage.
CHAVETTE (EUGÈNE).......   La Belle Alliette.
        —   Lilie, Tutue, Bebeth.
        —   Le Procès Pictompin.

CHINCHOLLE (CH.)........... Le Vieux Général.
CIM (ALBERT)............ Les Prouesses d'une Fille.
CLADEL (LÉON)........... Crête-Rouge.
CLARETIE (JULES)........ La Mansarde.
COLOMBIER (MARIE)..... Nathalie.
CONSTANT (BENJAMIN)... Adolphe.
COQUELIN-CADET........ Le livre des Convalescents (Ill.).
COURTELINE (G.)........ Le 51e Chasseurs.
     —   Madelon, Margot et Cie.
     —   Les Facéties de Jean de la Butte.
     —   Ombres parisiennes.
     —   Boubouroche.
COUTURIER (CL.)........ Le Lit de cette personne.
DANRIT (CAPITAINE)...... La Bataille de Neufchâteau.
DANTE................... L'Enfer.
DAUDET (ALPHONSE) .... La Belle-Nivernaise.
     —   Les Débuts d'un Homme de Lettres.
DAUDET (ERNEST)........ Le Crime de Jean Malory.
     —   Jourdan Coupe-Tête.
     —   Le Lendemain du péché.
DELCOURT (P.)........... Le Secret du Juge d'Instruction.
DELVAU (ALFRED) .... Les Amours buissonnières.
     —   Mémoires d'une Honnête Fille.
     —   Le grand et le petit Trottoir.
     —   A la porte du Paradis.
     —   Les Cocottes de mon Grand-Père.
     —   Miss Fauvette.
     —   Du Pont des Arts au Pont de Kehl.
DESBEAUX (E.)........... La Petite Mendiante.
DESLYS (CH.)............. L'Abîme.
     —   Les Buttes Chaumont.
     —   L'Aveugle de Bagnolet.
DICKENS (CH.) .. .. Un Ménage de la Mer.
     —   La Terre de Tom Tiddier.
     —   La Maison hantée.
DIGUET (CH.)........... Moi et l'Autre. (Ouvr. couronné.)
DHORMOYS (P.).......... Sous les Tropiques.
DOSTOIEWSKY........... Ame d'Enfant.
DRUMONT (EDOUARD).... Le Dernier des Trémolin.
DUBUT DE LAFOREST.... Belle-Maman.
DU CAMP (MAXIME)...... Mémoires d'un Suicidé.
DUMAS (ALEXANDRE)...... La Marquise de Brinvilliers.
     —   Les Massacres du Midi.

DUMAS (ALEXANDRE)...... Les Borgia.
    —   Marie Stuart.
DURIEU (L.)............. Ces bons petits collèges.
DUVAL (G.).............. Le Tonnelier.
ENNE (F.) ET DELISLE (F.). La Comtesse Dynamite.
ESCOFFIER .... Troppmann.
EXCOFFON (A.).......... Le Courrier de Lyon.
FIÉVÉE .... La Dot de Suzette.
FLAMMARION (CAMILLE)... Lumen.
    —   Rêves étoilés.
    —   Voyages en Ballon.
    —   L'Éruption du Krakatoa.
    —   Copernic et le système du monde.
    —   Clairs de Lune.
FIGUIER (Mme LOUIS)..... Le Gardian de la Camargue.
    —   Les Fiancés de la Gardiole.
GAUTIER (THÉOPHILE).... Jettatura.
    —   Avatar. — Fortunio.
GAUTIER (Mme JUDITH).... Les Cruautés de l'Amour.
GINISTY (P.)........... La Seconde Nuit. (Roman bouffe
                       Préf. par A. Silvestre.)
GŒTHE................. Werther.
GOGOL (NICOLAS)........ Les Veillées de l'Ukraine.
    —   Tarass Boulba.
GOLDSMITH............. Le Vicaire de Wakefield.
GOZLAN (LÉON).......... Le Capitaine Maubert.
GREYSON (E.).......... Juffer Daadje et Juffer Doortje.
GROS (JULES)........... Un Volcan dans les Glaces.
    —   L'Homme fossile.
GUÉRIN-GINISTY........ La Fange.
    —   Les Rastaquouères.
GUILLEMOT (G.)........ Maman Chautard.
GUYOT (YVES).......... Un Fou.
MAILLY (G. D')......... Fleur de Pommier.
    —   Le Prix d'un Sourire.
HALT (Mme ROBERT-)..... Hist. d'un Petit Homme. (Ouvrage
                       couronné.)
    —   La Petite Lazare.
    —   Brave Garçon.
HAMILTON............. Mémoires du Chev. de Grammont.
HEPP (A.)............. L'Amie de Madame Alice.
HOFFMANN............. Contes fantastiques.
HOUSSAYE (ARSÈNE)...... Lucia.

AVIS DE L'ÉDITEUR

Le but de la collection des *Auteurs célèbres*, à **60** *centimes* le volume, est de mettre entre toutes les mains de bonnes éditions des meilleurs écrivains modernes et contemporains.

Sous un format commode et pouvant en même temps tenir une belle place dans toute bibliothèque, il paraît chaque quinzaine un volume.

CHAQUE OUVRAGE EST COMPLET EN UN VOLUME

POUR LES Nᵒˢ 1 A 422, DEMANDER LE CATALOGUE SPÉCIAL

423. TOLSTOÏ (L.), Sébastopol en Mai et Août 1855.
424. H. DE BALZAC, Histoire des Treize.
425. A. BARBUSSE, L'Ange du Foyer.
426. H. DE BALZAC, Ursule Mirouët.
427. PAUL PERRET, Petite Grisel.
428. H. DE BALZAC, Une ténébreuse Affaire.
429. ARMAND SILVESTRE, Le célèbre Cadet-Bitard.
430. H. DE BALZAC, Un Début dans la vie.
431. RENÉE ALLARD, Le Roman d'une Provinciale.
432. H. DE BALZAC, Les Rivalités.
433. ARSÈNE HOUSSAYE, Mᵐᵉ de La Vallière et Mᵐᵉ de Montespan.
434. H. DE BALZAC, La Maison du Chat-qui-pelote.
435. THÉO-CRITT, Le Bataillon des Hommes à poil.
436. H. DE BALZAC, Une Double Famille.
437. L. LEMERCIER DE NEUVILLE, Les Pupazzi inédits.
438. H. DE BALZAC, La Vendetta.
439. Lettres galantes d'une femme de qualité.
440. H. DE BALZAC, Gobseck.
441. PIERRE PERRAULT, L'Amour d'Hervé.
442. H. DE BALZAC, Le Colonel Chabert.
443. FERNAND-LAFARGUE, La Fausse Piste.
444. H. DE BALZAC, Une Fille d'Eve.
445. LOUIS JACOLLIOT, Fakirs et Bayadères.
446. H. DE BALZAC, La Maison Nucingen.

En jolie reliure spéciale à la collection, 1 fr. le

ENVOI FRANCO CONTRE MANDAT OU TIMB

Imprimerie LAHURE, rue de Fleurus, 9, à P

www.ingramcontent.com/pod-product-compliance
Lightning Source LLC
Chambersburg PA
CBHW071959090426
42740CB00011B/2005